내 마음을 표현하는 말 따라쓰기

내 마음을
표현하는 말
따라쓰기

초판 발행 2025년 5월 28일
초판 인쇄 2025년 5월 20일

글·사진 김상희

펴낸이 정태선
펴낸곳 파란정원
출판등록 제395-2010-000070호
주소 서울특별시 은평구 가좌로 175, 5층
전화 02-6925-1628 | **팩스** 02-723-1629
제조국 대한민국 | **사용연령** 8세 이상 어린이
홈페이지 www.bluegarden.kr | **전자우편** eatingbooks@naver.com
종이 다올페이퍼 | **인쇄** 조일문화인쇄사 | **제본** 경문제책사

글·사진ⓒ2025 김상희
ISBN 979-11-5868-298-9 73640

이 책은 저작권법에 따라 보호받는 저작물이므로 무단 전재와 무단 복제를 금지하며,
이 책 내용의 전부 또는 일부를 이용하려면 반드시 저작권자와 파란정원(자매사 책먹는아이·새를기다리는숲)의 동의를 얻어야 합니다.
*잘못된 책은 구입하신 서점에서 바꿔 드립니다.

내 마음을 표현하는 말 따라쓰기

김상희 지음

작가의 말

저는 손글씨를 쓰는 일이 직업인 캘리그라피 작가예요. 방송 프로그램의 타이틀 로고, 방송 광고, 제품 패키지 등 다양한 곳에 뚜렷한 목적이 담긴 글씨를 쓰는 일을 하고 있어요. 캘리그라피에서 가장 중요한 것은 정확하게 읽히는 글씨를 쓰는 거예요. 그다음은 글씨로 전하고자 하는 의도를 담는 것, 마지막으로는 글씨를 읽는 사람의 마음을 움직이게 하는 것이죠. 어떻게 보면, 누가 보느냐에 따라 해석이 달라지는 사진보다 글씨가 훨씬 더 정확한 의미를 전달하는 도구라고 생각해요.

손글씨는 우리의 생각과 마음을 표현하는 소중한 기술이에요. 글씨를 또박또박 예쁘게 쓰면 읽는 사람에게는 편안함을 주고, 쓰는 사람에게는 생각을 차분히 정리하는 시간을 선물하죠. 특히 배우고 익힐 것이 많은 성장기에는 바른 글씨 쓰는 습관이 정말 중요하답니다.

이 책을 준비하면서 많은 학부모님에게 이런 이야기를 들었어요. "고학년이 되니 글씨가 날아가요."라는 말이었어요. 학생들에게는 이런 이야기를 들었죠. "빨리 쓰려다 보니 글씨가 망가졌어요." 또는 "글씨 쓰는 게 싫어요."라고요. 학년이 높아질수록 써야 할 내용이 많다 보니 쓰는 속도는 점점 빨라지고, 빠르게 쓰다 보면 글씨가 흐트러지게 되죠. 흘려 쓴 글씨는 예쁘지 않아, 그렇게 글씨 쓰는 것 자체가 싫어지게 된다고 해요.

그래서 저는 캘리그라피 작가로서, 저학년 때처럼 자음과 모음부터 연습하기보다는 이미 익숙해진 자신의 글씨체에 '균형'을 잡아 주는 게 더 중요하다고 생각했어요. 글자 속 선의 길이, 점의 크기, 글자 사이의 공간을 이해하고 쓰다 보면, 언젠가는 평생 잊히지 않는 나만의 손글씨를 갖게 될 거예요.

이 책에서는 글씨의 균형을 잡는 연습과 동시에, 어린이가 공감할 수 있는 '희로애락'이라는 주제의 여러 감정 단어와 문장을 써요. 희로애락이란 기쁨과 노여움과 슬픔과 즐거움을 아우르는 말이에요. 설렐 때, 화가 날 때, 속상할 때, 용기 내고 싶을 때, 기분이 최고일 때 등 우리가 일상에서 자주 느끼는 감정을 단어와 문장으로 표현해 보는 거예요. 그뿐만 아니라 선생님이 직접 쓴 다양한 캘리그라피를 통해 마치 감정 일기장을 들여보는 듯한 재미도 느낄 수 있어요. 글씨를 쓰는 동시에 내 마음도 들여다보고, 그 감정을 바르고 예쁜 글씨로 풀어내다 보면, 단순한 따라 쓰기를 넘어 글쓰기 자체가 즐거운 시간으로 변신할 거예요.

　매일매일 조금씩, 꾸준히 연습하다 보면 분명히 달라질 거예요. 글씨가 점점 균형을 찾고 예뻐질수록, 내 생각도 더 차분하게 정리되는 기분을 느낄 수 있답니다.

　나만의 글씨체로 나의 감정과 생각을 자유롭게 표현할 수 있는 여러분을 진심으로 응원합니다!

캘리그라피 작가 **김상희**

차 | 례

바르게 익히고 예쁘게 교정하기

1단계 내 글씨 모양 제대로 알기	12
2단계 바른 자세 알기	18
3단계 기본을 탄탄하게 연습하기	22
4단계 문장 쓰기 포인트 알기	57

2부

① 희로애락: 기쁜 감정 배우기

1. 따라쟁이 내 동생	60
2. 애착 인형 토순이	62
3. 보람찬 청소 시간	64
4. 기분 좋은 칭찬	66
5. 아슬아슬 두발자전거	68
6. 두근두근 발표회	70
7. 달콤한 하루	72
8. 친구의 생일 파티	74
9. 신나는 가족 여행	76
10. 처음 본 뮤지컬	78

② 희로애락: 화난 감정 배우기

1. 도둑맞은 아이스크림	82
2. 계주와 돌부리	84
3. 내 별명은 고릴라	86
4. 애벌레 소동	88
5. 망가진 곰돌이 볼펜	90
6. 얄미운 빗방울	92
7. 질투하는 내 마음	94
8. 떨리는 발표회	96
9. 부러진 색연필	98
10. 쓰라린 패배	100

③ 희로애락: 슬픈 감정 배우기

1. 쓸쓸한 고양이 도리	104
2. 엄마와 줄넘기 연습	106
3. 올림픽 양궁 경기	108
4. 텅 빈 옆자리	110
5. 무심한 말 상처받는 말	112
6. 사고뭉치 내 동생	114
7. 만능 해결사 우리 아빠	116
8. 애처로운 강아지	118
9. 실패는 성공의 어머니	120
10. 엄마의 앵두나무	122

④ 희로애락: 즐거운 감정 배우기

1. 웃음 가득 알뜰시장	126
2. 캠핑과 다람쥐	128
3. 발랄한 강아지 꽁이	130
4. 경복궁과 인왕산	132
5. 우리 엄마는 화가	134
6. 할아버지의 생신	136
7. 흥이 많은 우리 가족	138
8. 줄줄이 고구마	140
9. 동생의 생일 케이크	142
10. 두근두근 야구 경기	144

부록 예쁜 편지지   147

1부

바르게 익히고 예쁘게 교정하기

1단계 내 글씨 모양 제대로 알기

✏️ **글씨가 삐뚤빼뚤하다고?**

우리는 초등학교 입학 전부터 또박또박 쓰는 연습을 열심히 했어요. 그때 글씨체를 떠올리면 생각보다 반듯했을 거예요. 문장보다 단어 위주로 천천히 글자를 썼기 때문에 반듯하게 글씨 쓰는 데 집중할 수 있었거든요. 초등학교 입학 후엔 한글도 잘 알게 되어 교과서에 메모하거나 공책에 선생님의 말씀을 받아 적기도 해요. 정신없이 쓰다 보면 나도 모르게 글씨 쓰는 속도가 빨라져 반듯한 글씨체가 아닌 흘려 쓰는 글씨체가 돼요. 그래서 고학년이 될수록 글씨가 덜 예쁘다고 느껴지죠.

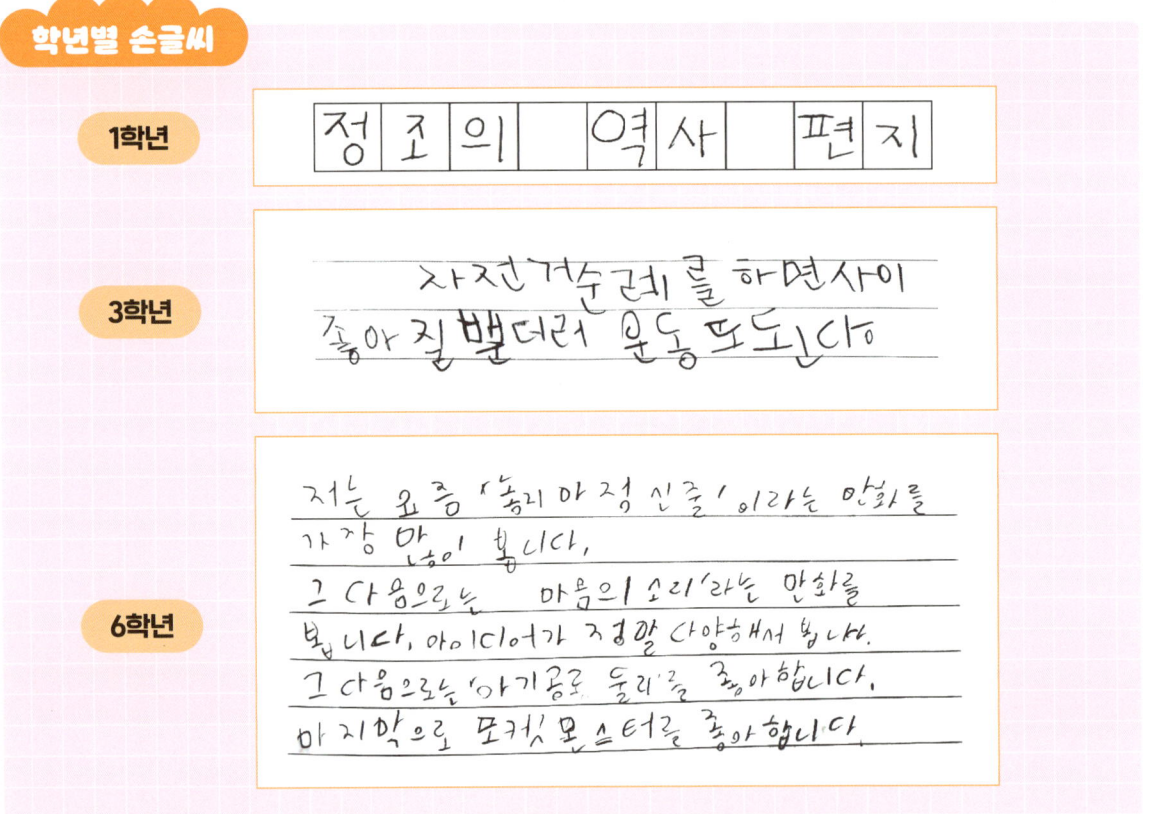

📝 내 글씨체를 진단하자!

　제일 먼저 우리가 알아볼 건 바로 내 글씨체예요. 내 공책을 한번 펼쳐 보세요. 보기에 어떤가요? 글자 크기가 들쭉날쭉하거나 점점 글자 크기가 작아지진 않았나요? 문장이 길어질수록 줄이 위아래로 움직일 수도 있어요. 아래 문장을 따라 쓰며 나는 어떤 글씨체를 가졌는지 알아봐요.

낙엽으로 덮인 마당

붉은 노을은 언제나 아름다워.

참새들이 볍씨를 콕콕 쪼아 먹어요.

바닷속 문어는 변신 천재예요.

갈매기는 새우 과자를 좋아해요.

내가 쓴 문장을 아래 항목에 따라 내 글씨체는 어떤지 정확하게 체크하고 알아볼 차례예요. 내 글씨체의 문제점이 무엇인지 알아야 글씨체를 바꾸기 쉽기 때문이에요. 문제점을 모른 채 글씨체를 바꾼다는 건 목표 지점 없이 달려가는 것과 같아요. 바른 글씨체를 위한 첫걸음을 시작해 볼까요?

글자의 세로획 기울기가 일정하다. ⦀내　　⦀내	O	X
자음과 모음, 받침의 균형이 알맞다. 편안　　편안	O	X
글자의 크기가 일정하다. 일정　　일정	O	X
글자의 높낮이가 일정하다. 글줄의 중심　　글줄의 중심	O	X

어떤 글씨체가 좋은 걸까?

궁서체, 고딕체 등등 글씨체는 다양하고 생김새도 달라 각자의 개성이 뚜렷하죠. 여러분의 글씨체도 개성이 듬뿍 담긴 나만의 글씨체를 갖고 있어요. 누군가의 글씨체를 따라 쓰기보다 내 글씨체로 반듯하고 균형 있게 쓰는 것만으로도 좋은 글씨체가 될 수 있어요.

바르지 못한 글씨체

글자 크기와 획 기울기가 흐트러진 글씨체

> 글자 크기가 제각각이라서 불규칙해 보여요.

글자 사이 공간이 불규칙한 글씨체

> 글자 간격과 띄어쓰기 간격을 제대로 알기 어려워요.

글줄이 중심을 잃은 글씨체

> 문장이 아래로 내려갔다 위로 올라갔다 물결치고 있어요.

바르지 못한 글씨체를 보면 크기가 각각 다르고 글자 사이 공간이 균등하지 않으며 글줄이 중심을 잡지 못해 위아래로 움직여요. 이런 글씨는 알아보기 어렵답니다. 반대로 바르게 쓴 글씨체를 보세요. 글자 사이 공간이 균등하고 글자 크기도 비슷해 한눈에 쏙 들어오지 않나요? 글줄을 중심에 맞춰 쓰니 지저분한 느낌도 싹 사라졌어요. 어때요. 바르고 예쁜 글씨체로 발전하기 생각보다 쉽죠?

바른 글씨체를 만드는 꿀팁

1. 글자 크기와 획 기울기를 일정하게 쓴다.

마당을 나온 암탉, 오리 새끼 깐 암탉
잎싹아 넌 양계장에 있을 때 다른

2. 글자 사이 공간을 비슷하게 맞춘다.

왜 메이는 늑대에게 잡아먹힌 염소가
있던 자리에 있었을까?

3. 글줄을 중심에 맞춰 수평이 되게 쓴다.

학교 가기 싫어하는 작은 여자아이
언제나 느지막이 집을 나섰죠.

글씨체가 달라지는 특별 비법!

'세 살 적 버릇이 여든까지 간다'라는 말이 있어요. 이처럼 나쁜 습관은 고치도록 노력해야 해요. 글씨체도 똑같아요. 바르지 못한 글씨체를 바른 글씨체로 바꾸기 위해 매일 연습하고 노력한다면 달라질 수 있어요. 이게 바로 글씨체가 달라지는 특별 비법이에요.

선생님이 어릴 적 아버지께서 글씨를 바르게 써야 생각도 바르게 정리된다는 말을 자주 하셨어요. 바르지 못한 글자는 바르게 쓸 때까지 반복하라고 하셨죠. 반듯하게 쓸 수 있도록 연습했더니 글씨체가 조금씩 반듯해지는 걸 경험했어요. 여러분도 매일 5분씩 연습해 보세요. 나도 모르는 사이에 바른 글씨체로 바뀌어 있을 거예요.

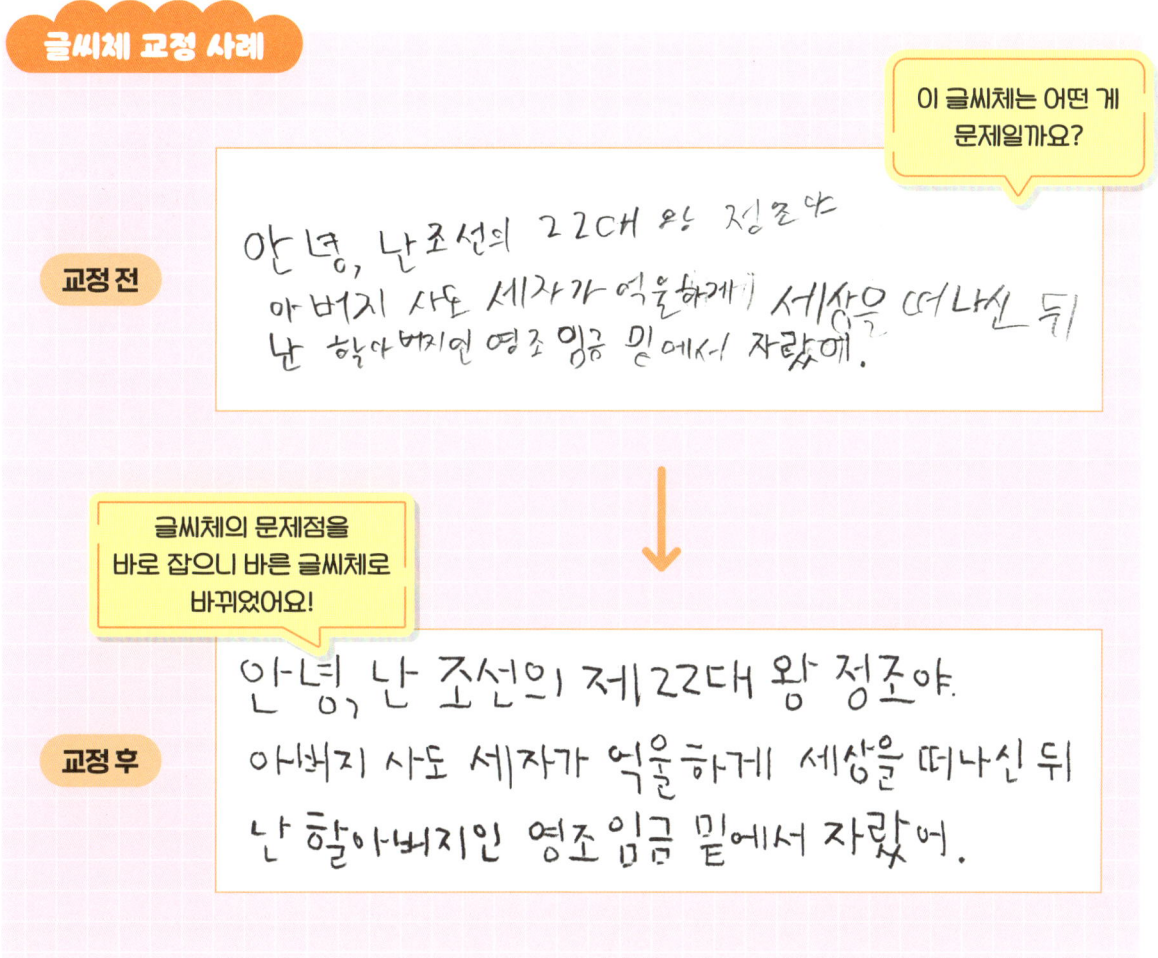

2단계 — 바른 자세 알기

✏️ 바른 자세가 글씨체에 영향을 준다고?

글씨체를 바르고 예쁘게 쓰려면 자세를 바르게 앉는 것부터 시작해야 해요. 앉은 자세가 바르면 글씨의 크기, 글줄의 균형을 잡는 데 도움을 주거든요. 앞에서 내 글씨체에 대해 알아봤다면 이번엔 앉는 자세를 알아볼 거예요. 평소 앉는 내 모습을 사진 찍어 아래 친구의 모습과 비교해 보세요.

바르지 못한 자세

얼굴을 푹 숙인 자세는 글자 크기가 일정하지 않을 수 있어요.

턱을 괴는 자세는 글줄이 중심을 잃기 쉬워요.

책상에 몸을 기댄 자세는 오랫동안 글씨 쓰기가 힘들어요.

바른 자세 3단계

1단계 양팔을 책상에 올리고 팔꿈치는 바깥으로, 두 손은 안으로 모아요.
2단계 엉덩이가 의자 끝에 있는지 확인하고 허리는 곧게 세워요.
3단계 고개를 살짝 숙여 시선은 연필심을 바라봐요.

✏️ 연필 잡는 방법이 중요하다고?

글씨를 쓸 때 연필을 잡는 방법도 중요해요. 연필을 잡은 상태에서 연필심이 잘 보여야 하고 연필을 잡은 손가락엔 적당한 힘을 줘야 해요. 혹시 손가락 마디가 꺾일 정도로 힘을 주고 있나요? 손가락에서 힘을 살짝 빼 연필심이 흔들리지 않을 정도만 힘을 주세요. 너무 꽉 잡으면 손가락이 아파 오래 글씨 쓰기 힘들어진답니다.

바르지 못한 연필 잡기

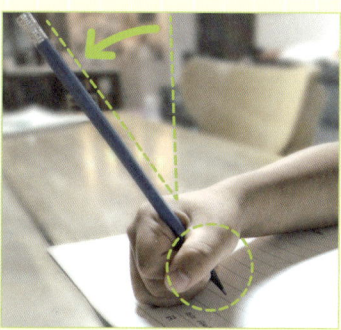

검지와 중지 사이로 연필을 쥐면 움직임이 부자연스러워지고 힘을 많이 주게 돼요.

연필을 길게 쥐면 연필심에 힘을 주기 어려워 안정감을 잃기 쉬워요.

연필을 앞으로 기울여 잡으면 연필심이 잘 안 보이고 움직임이 매우 느려져요.

바르게 연필 잡기

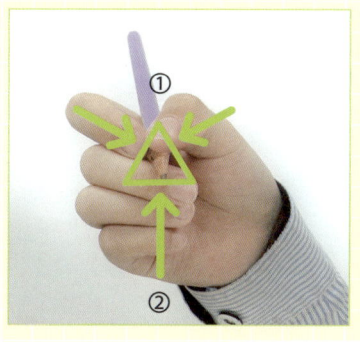
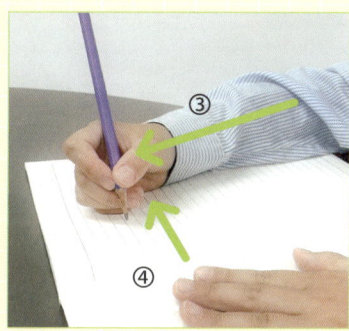

① 엄지와 검지로 연필을 꼬집듯이 잡아요.
② 연필 아래는 중지로 받쳐요.
③ 연필을 쥔 손과 팔은 책상에서 일직선이 되게 해요.
④ 반대쪽 손으로 공책을 눌러 글씨를 쓸 때 흔들리지 않도록 해요.

✏️ 체조로 긴장을 풀자!

　의자에 오래 앉아 있으면 어깨가 무겁고 손가락이 뻐근해요. 그럴 때는 체조로 몸을 풀어 보세요. 하나씩 따라 하다 보면 굳은 몸이 풀리고 앉아 있는 게 덜 힘들어질 거예요. 몸을 살살 풀어 주는 체조도 좋은 습관이 될 수 있으니 생각날 때마다 실천해 보세요.

손가락 풀기

손가락 씨름하기

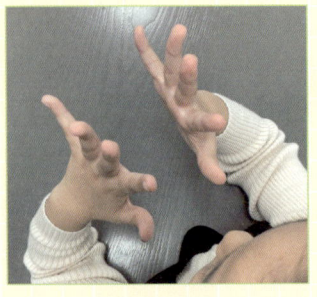
① 두 손을 마주 보고 손가락을 쫙 펼쳐요.

② 손끝을 붙여 힘을 주어 밀어요.

> 손가락이 휠 정도로 밀면 다칠 수 있어요.

손가락 집게 만들기

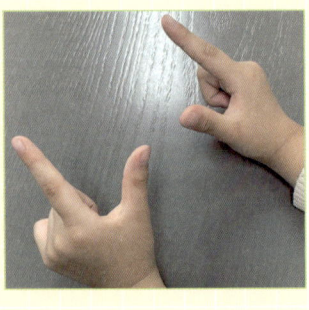
① 엄지와 검지로 집게 모양을 만들어요.

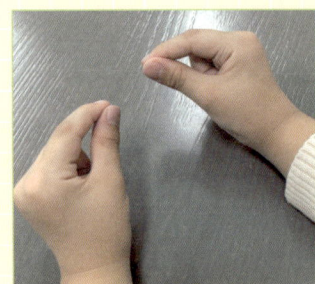
② 집게를 붙였다 떼기를 반복해요.
(10회 반복)

손목 털기

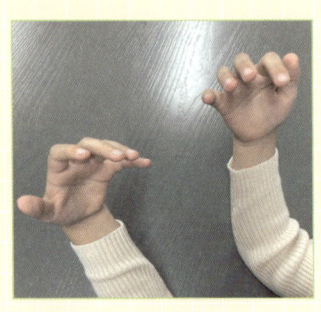
① 손을 위로 올려 힘을 빼요.

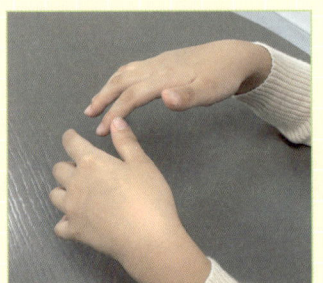
② 손을 위아래로 살살 털며 긴장을 풀어요.

> 손목을 세게 털면 다칠 수 있으니 조심해요.

허리 긴장 풀기

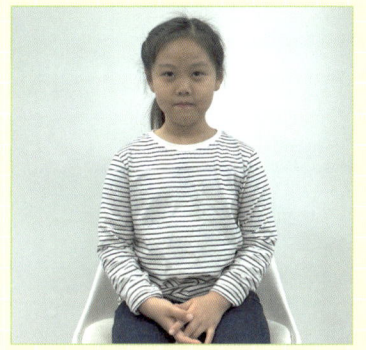
① 허리를 펴고 엉덩이를 의자 끝까지 밀어 넣고 앉아요.

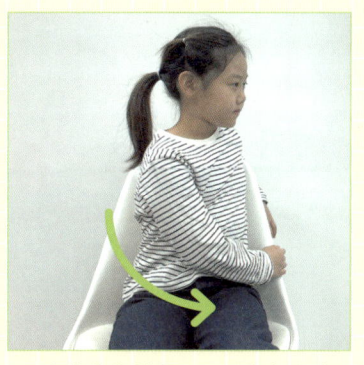
② 아랫배에 힘을 주고 허리를 왼쪽으로 돌려요.

③ 반대쪽으로 허리를 돌려 똑같이 스트레칭해요.

어깨와 목 긴장 풀기

① 허리를 펴고 엉덩이를 의자 끝까지 밀어 넣고 앉아요.

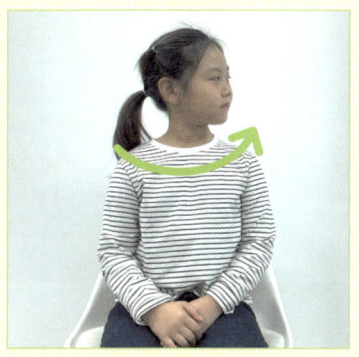
② 얼굴을 왼쪽으로 돌려 3초를 세요.

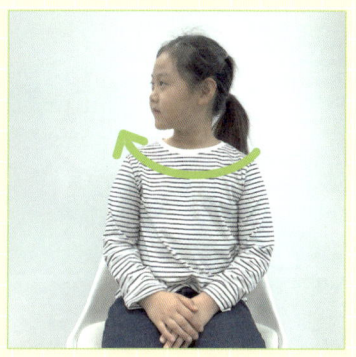
③ 반대쪽으로 얼굴을 돌려 똑같이 3초를 세요.

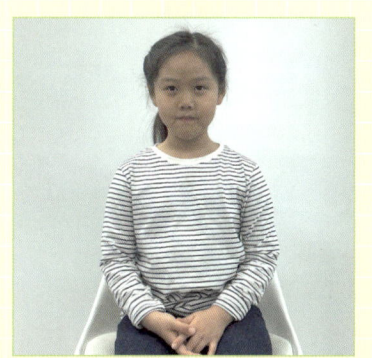
④ 정면을 바라보며 휴식을 취한 후

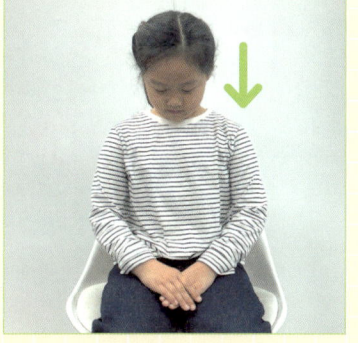
⑤ 목덜미가 뻐근해질 때까지 고개를 숙여 3초를 세요.

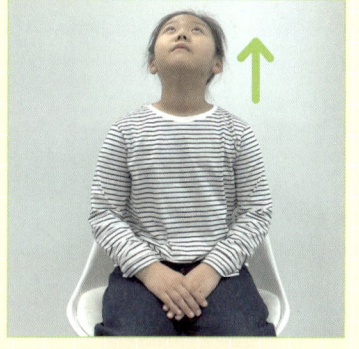
⑥ 고개를 천천히 들어 올려 천장을 바라보며 3초를 세요.

기본을 탄탄하게 연습하기

3단계

 직선, 곡선, 사선을 연습하자!

글씨를 쓸 때는 검은 선과 흰 공간의 균형이 매우 중요해요. 균형이 있어야 글자가 또렷하게 읽히기 때문이에요. 균형을 알기 위해 선 긋기로 글자의 길이와 공간을 이해하는 연습할 거예요. 선 긋기에 자신감이 생기면 어느새 선과 선 사이에 공간이 보이게 될 거예요.

선 따라 긋기

반듯한 수평선 그리기

올곧은 수직선 그리기

완벽한 동그라미 그리기

기울어진 사선 그리기

각도 맞춘 화살괄호 그리기

✏️ 선에 리듬을 담자!

곡선, 직각 등을 그릴 땐 리듬이 필요해요. 직선을 긋는 속도로 곡선을 긋게 된다면 내가 생각한 선과 달라지거든요. 방향을 바꿀 때는 잠시 멈추고 원하는 방향으로 제대로 꺾는 연습이 필요해요. 각 선마다 제각각 다른 리듬감을 연습해 어디에서 힘을 주고 연필은 어떻게 움직여야 할지 알아보세요.

리듬 있게 선 긋기

각지게 꺾인 직각 그리기

부드럽게 곡선 그리기

지그재그로 꺾어 그리기

둥근 곡선 이어 그리기

글자 속 리듬과 공간을 찾자!

저학년 때처럼 글자를 천천히 쓰면 몸이 긴장해 연필이 조금씩 흔들리게 돼요. 반대로 빠르게 쓰면 다시 잘못된 습관이 나오게 되지요. 그렇다면 어떻게 써야 할까요? 먼저 글자의 자음과 모음이 서로 연결됐다고 생각하며 선을 그어야 해요. 한 글자를 다 쓰기 전에 공책에서 손이 멀어질 수 없을 거예요. 연결된 글자를 하나씩 쓰다 보면 어느새 글자에 리듬이 생기고 몸이 그 리듬을 기억해 안정된 속도로 글자를 쓸 수 있게 돼요. 참 신기하죠? 여러분도 리듬을 익혀 보세요.

속도가 맞지 않는 글씨체

글자의 선이 울퉁불퉁해요!

글자를 휘갈겨 써 알아보기 힘들어요!

천천히 쓸 때   빠르게 쓸 때

균형이 맞지 않는 글씨체

쓰는 속도도 중요하지만, 글씨의 균형도 중요해요. 점의 크기가 작거나 선 사이의 간격이 너무 좁으면 읽는 사람이 어떤 글자인지 알아보기 어렵거든요. 반듯한 글자를 위해 공간을 균일하게 맞춰야 해요.

자모음 사이가 좁을 때
자음과 모음 사이에 간격이 있어야 글자를 제대로 알 수 있어요.

세로획 사이가 좁을 때
두 선의 간격이 좁으면 선이 하나로 보일 수 있어요.

점 사이가 좁을 때
점과 점 사이에 간격이 필요해요. 공간을 똑같이 나눠 쓴다고 생각하면 쓰기 쉬워요.

점이 너무 작을 때
모음의 점 크기가 작으면 내가 쓰려고 했던 모음과 다르게 보일 수 있어요.

세로획 모음 따라 쓰기

세로획 모음은 자음보다 살짝 크게 써야 해요. 혹시라도 자음보다 너무 높게 혹은 낮게 쓰면 균형을 잃게 될 수 있으니 주의해요. 파란색 칸보다 살짝 높게 쓴다는 느낌으로 쓰면 편할 거예요.

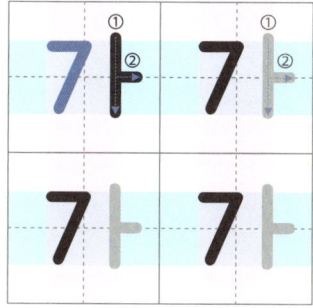

모음은 자음보다 높이가 살짝 높아야 해요.

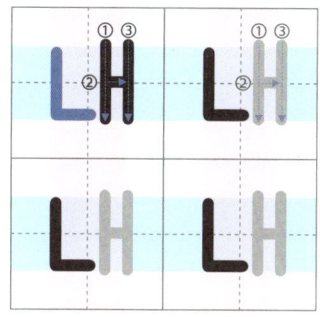

①과 ③의 길이는 같아야 해요.

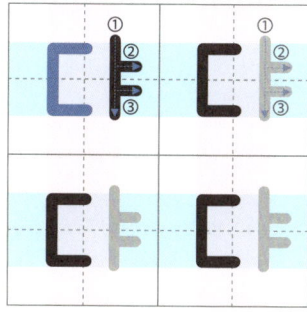

②와 ③ 사이의 공간이 좁지 않게 그어요.

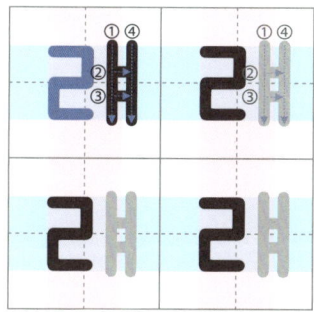

①과 ④번 사이 공간이 좁지 않게 주의해요.

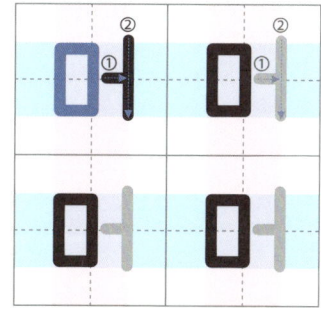

모음은 자음보다 높이가 살짝 높게 쓰기 잊지 마세요.

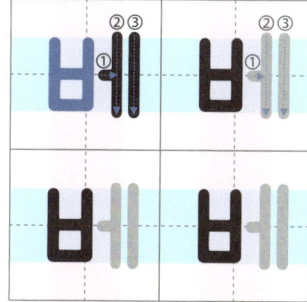

세로획을 이어 쓸 때 사이 공간을 주의해야 해요.

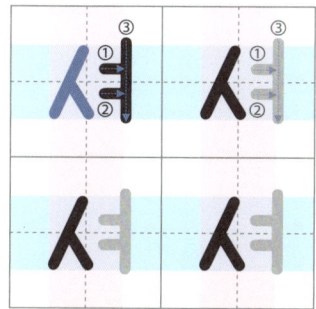

①과 ② 사이 공간이 좁지 않게 신경 써야 해요.

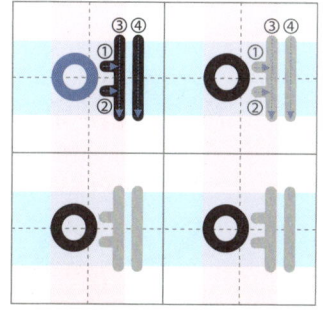

모음에 선과 점이 많으니 공간을 신경 써요.

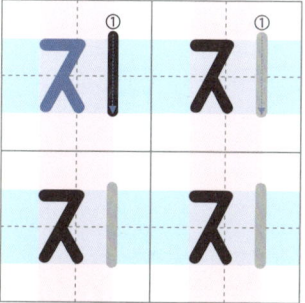

세로획이 수직이 되도록 올곧게 그어요.

가로획 모음 따라 쓰기

가로획 모음은 가로 길이가 길어 쓰기 칸 속 분홍색에 맞춰 쓸 거예요. 세로획 모음처럼 따라 쓰면서 선과 점의 간격과 공간이 어떤지 익혀 보세요. 선생님의 팁도 잊지 말고 읽어 보세요.

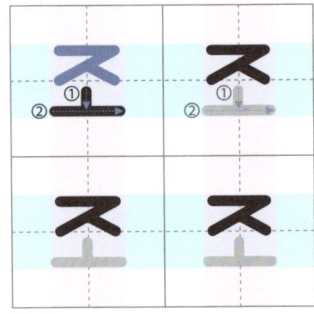

가로가 긴 자음은 모음의 가로 길이와 같아요.

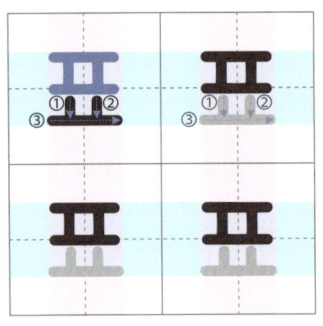

①과 ②를 그을 때 가로획을 삼등분한다고 생각하며 그어요.

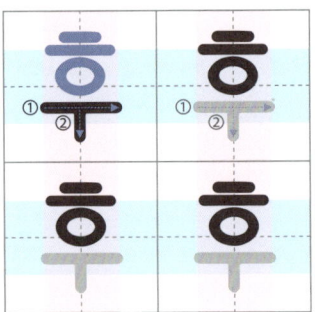

②를 그을 땐 너무 길어지지 않게 주의해요.

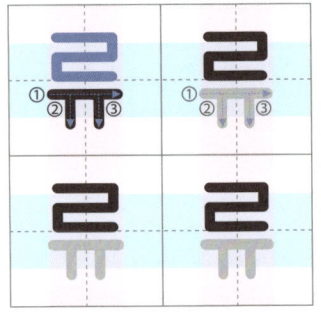

②와 ③을 그을 때 가로획을 삼등분하며 긋기 잊지 마세요.

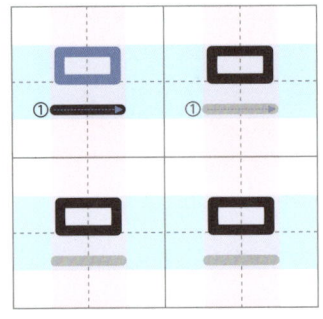

모음이 수평이 되도록 바르게 그어요.

가로획 모음을 쓸 때 자음의 길이도 같은 길이로!

가로세로 획 모음 따라 쓰기

이번 모음은 하늘색과 분홍색 칸을 다 쓸 거예요. 아까와 다르게 서로 겹치지 않게 써야 해서 신경 쓸 게 많아요. 하나씩 차근차근 쓰다 보면 어느새 익숙해질 테니 잘 따라오세요.

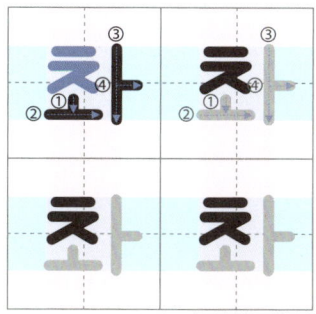
②를 그을 때 조금 짧게 그어요.

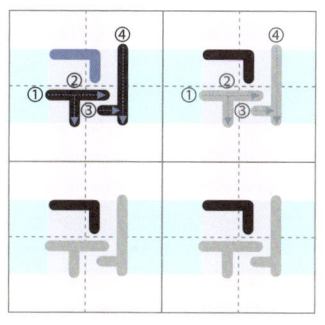
③을 그을 때 ①과 겹치지 않게 조심해요.

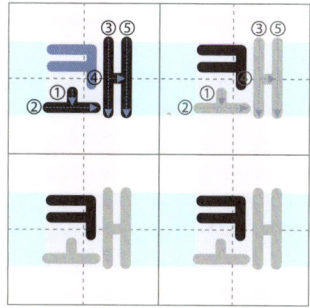
②가 ③과 닿지 않게 주의해요.

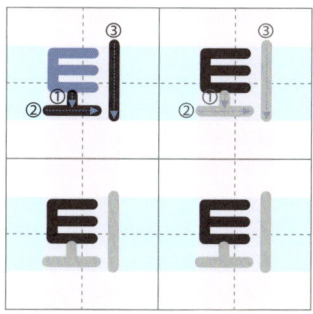
②를 길게 긋는다면 'ㅘ'로 보일 수 있어요.

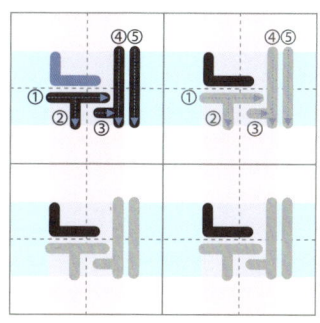
획 사이 공간과 균형을 맞춰 그어야 해요.

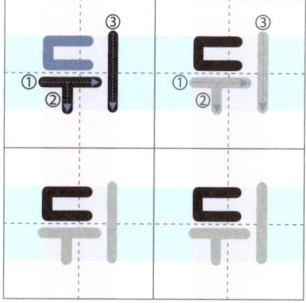
자음과 모음 사이 공간이 좁아지지 않도록 신경 써요.

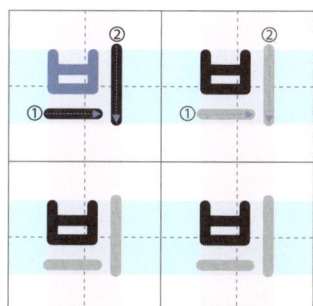
획은 수평, 수직으로 올곧게 그어야 해요.

받침 있는 글자 따라 쓰기

평소 받침 있는 글자를 쓸 때 어떤가요? 받침이 위에 있는 글자보다 커지거나 너무 작아졌을 거예요. 크기와 균형을 맞추기 위해 자음과 모음을 작게 쓰고 받침은 분홍색 칸에 맞춰 익혀 보세요. 조금씩 따라 쓰다 보면 어느새 교정되어 있을 거예요.

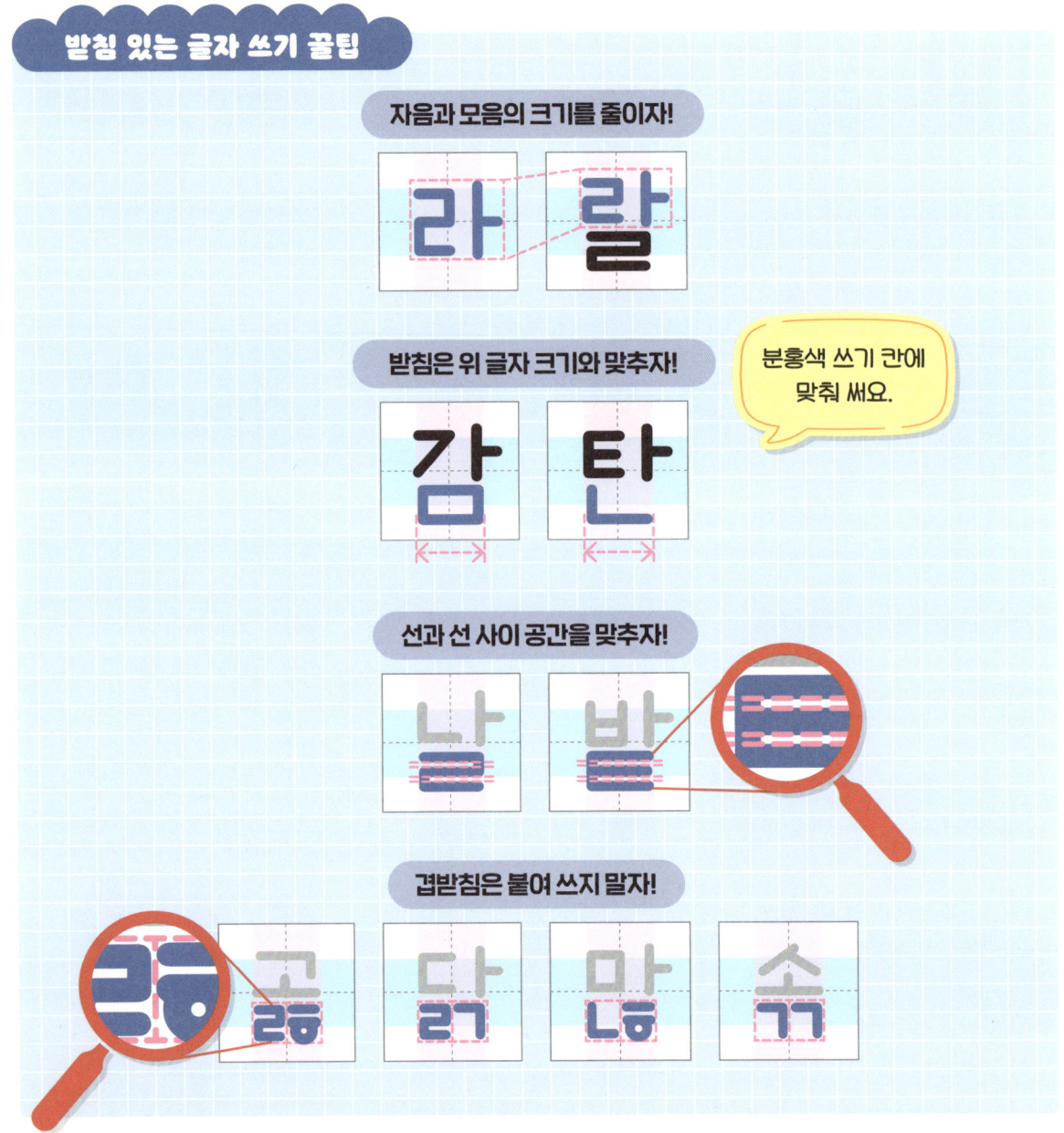

받침 있는 글자 따라 쓰기

따라 쓰기 전에 여러분이 미리 알아 둘 것이 있어요. 받침에 쓰인 번호를 보면 ⑪기호가 있을 거예요. 이 기호는 잠시 멈춤을 뜻해요. 선을 꺾기 전에 잠시 멈춰 쓰는 속도와 선의 꺾기 정도를 생각하고 이어서 써요.

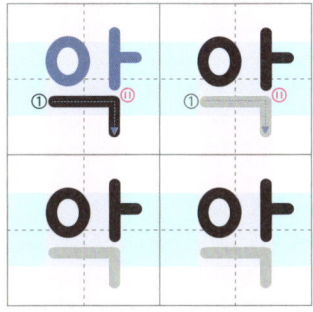

가로획을 긋고 1초 쉬었다가 세로획을 그어요.

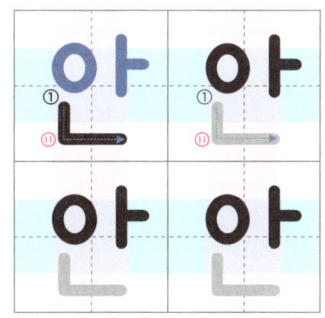

획이 수직, 수평을 이루도록 신경 써요.

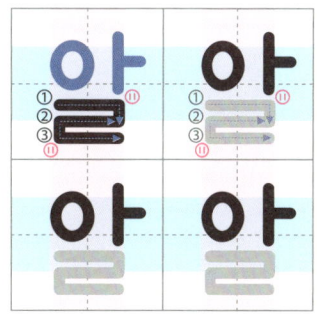

'ㄱ'과 'ㄷ'을 붙여 쓴다고 생각하면 쉬워요.

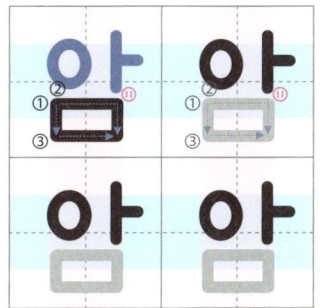

②에서 획을 꺾을 때 수직이 사선이 되지 않게 주의해요.

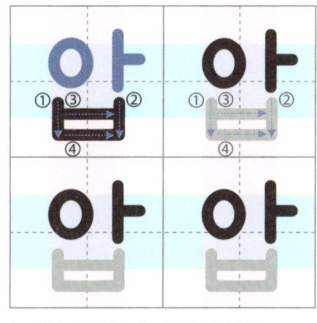

'ㅂ'의 크기는 'ㅁ'과 같아요.

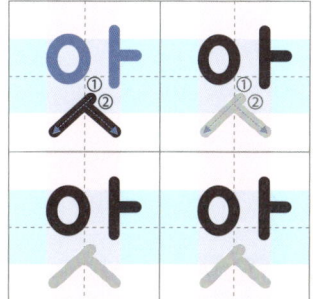

받침이 분홍색 밖으로 나가지 않게 그어요.

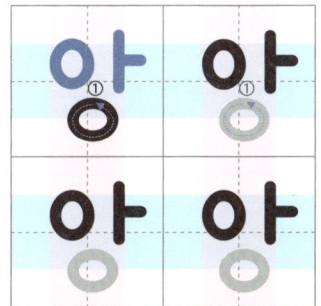

받침의 크기가 크지 않게 그어요.

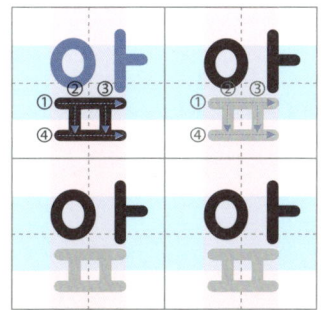

②와 ③을 그을 때 사이 공간을 신경 써야 해요.

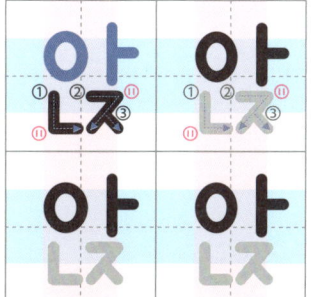

겹받침을 쓸 때 두 받침의 크기는 같아야 해요.

'ㄱ'으로 시작하는 글자 따라 쓰기

'ㄱ'은 가로획을 긋고 모퉁이에서 1초 정도 쉬었다가 사선으로 그어요. 받침 없는 글자부터 받침 있는 글자까지 따라 쓰면서 글자 사이 공간을 익혀 보세요.

가	개	거	겨	계
각	갭	걀	젓	경
고	교	구	규	그
곪	곱	굼	굴	극
과	괘	괴	귀	긔
곽	관	굉	궐	귓

'ㄲ'으로 시작하는 글자 따라 쓰기

이중 자음 'ㄲ'은 'ㄱ'과 비슷한 리듬을 가지고 있어요. 가로획의 길이가 짧아져 박자가 빨라졌다는 점이 다르죠. 특징을 머릿속에 넣고 새로워진 리듬을 익혀 보세요.

까	꺄	꺼	께	끼
깍	꺅	껌	껜	깬
꼬	꼬	꾸	뀨	끄
끈	꽃	꿀	꾹	끝
꽈	꾀	꿔	꿰	뀌
꽉	꽝	꽥	꿨	꿈

'ㄴ'으로 시작하는 글자 따라 쓰기

'ㄴ'은 세로획을 먼저 긋고 끝에서 1초 쉬고 가로획을 그어요. 글자를 쓸 때마다 어떤 리듬을 가졌는지 손으로 익히고 수직과 수평을 잃지 않도록 노력해 보세요.

나 내 너 네 녀

낯 냇 냥 넌 녘

노 뇨 누 뉴 느

녹 농 눌 눙 는

놔 뇌 눠 눼 늬

났 넜 닐

'ㄷ'으로 시작하는 글자 따라 쓰기

'ㄷ'을 쓸 때 두 개의 가로획에서 집중해야 해요. ①을 긋고 ②의 가로획을 그을 때 속도를 내다가 사선으로 그어지는 실수를 많이 하거든요. 수평과 수직을 이룰 수 있도록 집중해 봅시다.

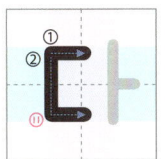 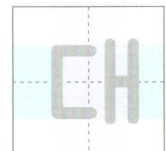 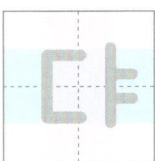 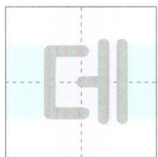 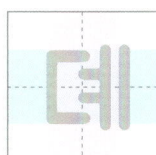

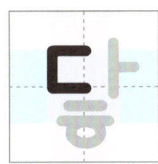 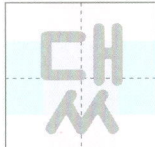 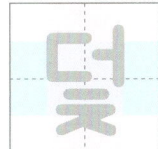 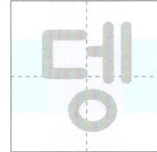 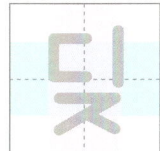

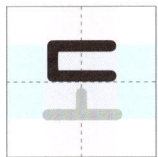 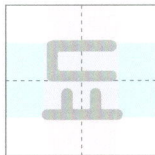 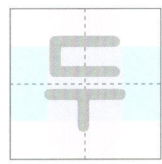 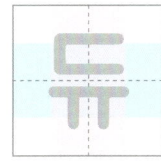 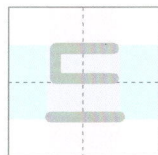

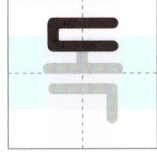 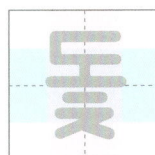 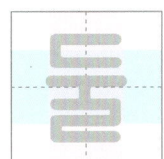 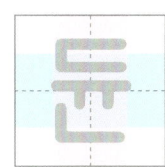 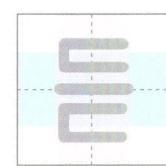

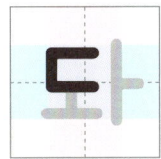 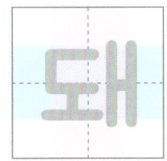 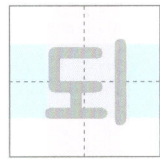 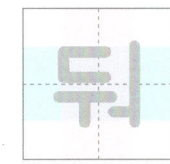 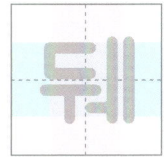

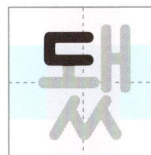 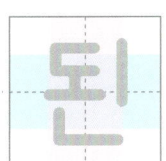 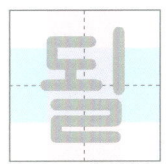 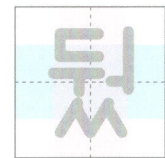 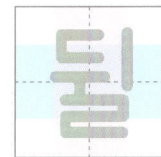

'ㄸ'으로 시작하는 글자 따라 쓰기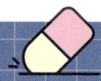

이중 자음 'ㄸ'은 'ㄷ'을 두 번 반복해서 쉬워 보일 거예요. 하지만 가로획이 짧아졌기 때문에 박자가 달라졌어요. 두 개의 'ㄷ'이 서로 붙지 않도록 리듬과 박자 익히기를 연습해 보세요.

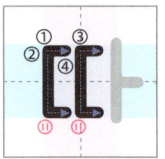 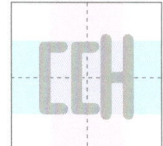  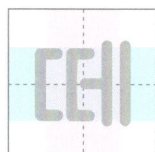 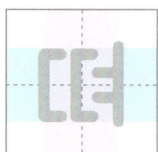

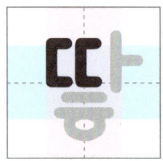 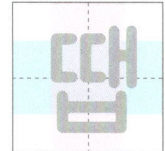  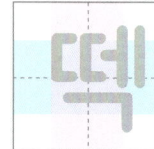 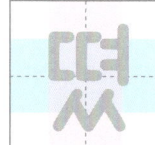

 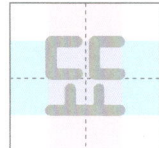 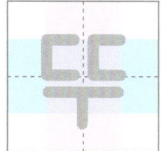 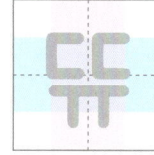 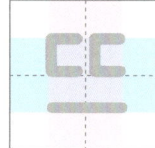

 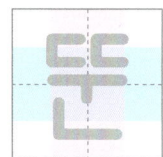 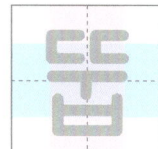 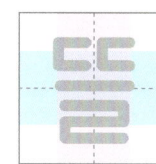 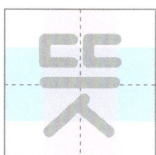

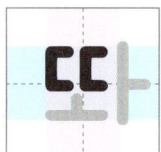 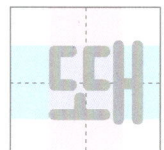 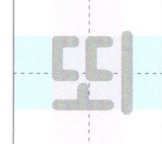 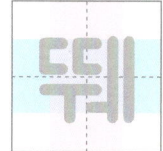 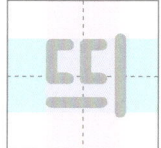

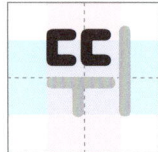 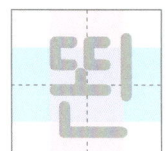 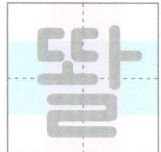 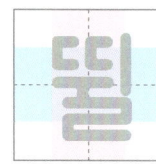 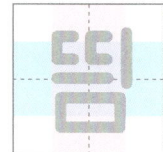

'ㄹ'로 시작하는 글자 따라 쓰기

'ㄹ'을 쓸 때는 'ㄱ'에 'ㄷ'을 이어 붙인다고 생각하면 조금 더 쉽게 쓸 수 있어요. 한 번에 이어 쓰려고 하면 숫자 '2'가 될 수 있으니 공간을 지키며 천천히 쓰는 게 중요해요.

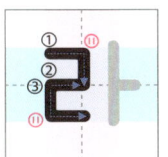 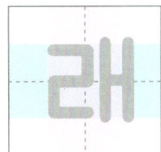 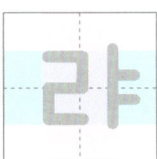 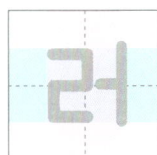 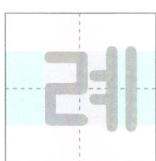

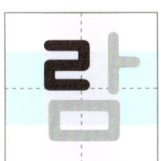 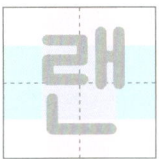 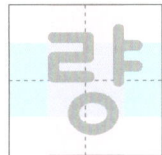 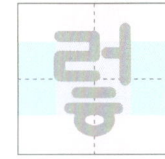 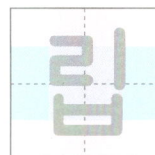

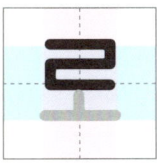 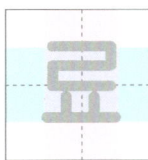 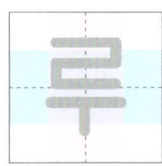 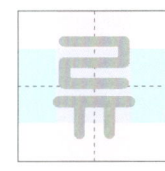 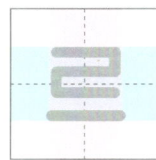

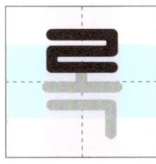 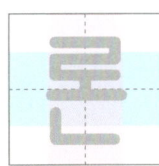 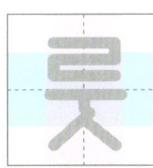 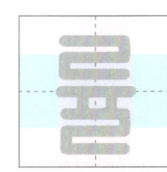 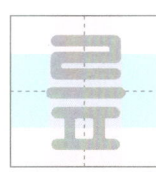

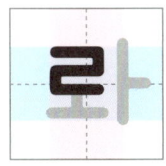 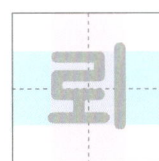 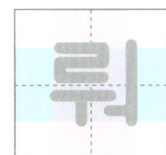 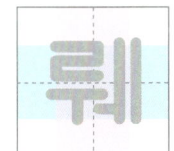 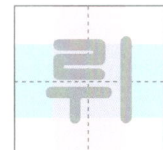

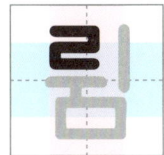 

'ㅁ'으로 시작하는 글자 따라 쓰기

'ㅁ'은 모음에 따라 모양이 달라져요. 세로로 길어지기도 하고 가로로 넓어지기도 해요. 모양에 따라 리듬이 변하는 'ㅁ'을 따라 쓰면서 가운데가 좁아지지 않게 주의해요.

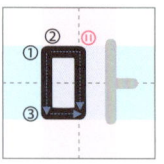 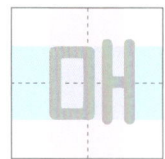 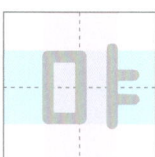 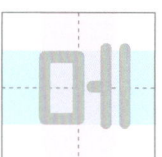 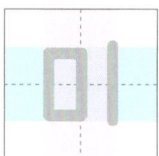

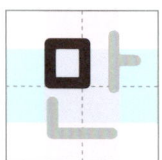 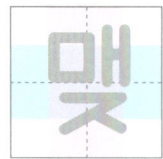 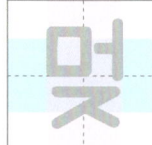 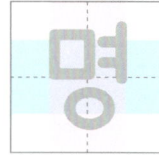 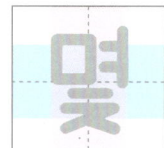

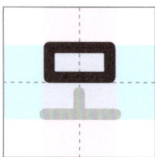 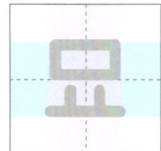 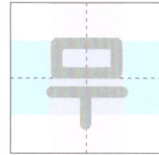 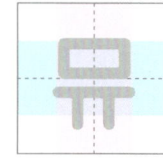 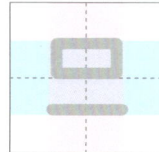

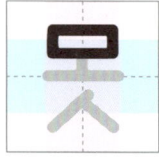 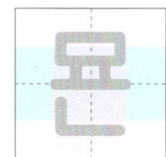 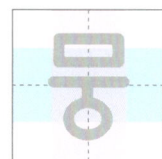 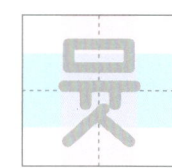 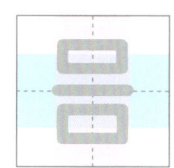

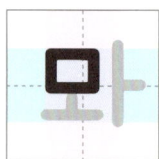 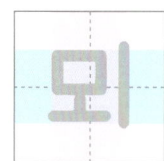 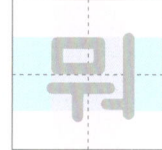 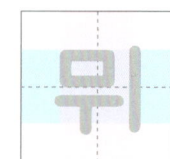 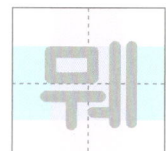

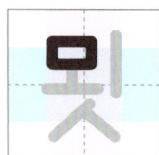 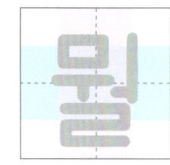 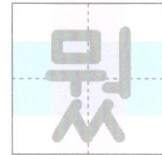

'ㅂ'으로 시작하는 글자 따라 쓰기

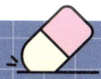

'ㅂ'도 'ㅁ'처럼 글자 모양이 세로로 길어졌다 가로로 넓어졌다 해요. 다른 점은 세로획 사이에 가로획을 긋기 때문에 공간에 더 집중해야 하지요.

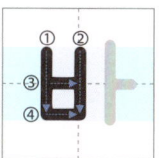 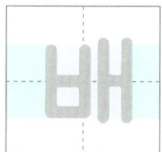 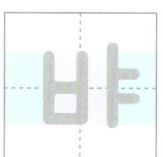 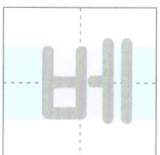 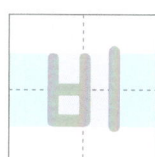

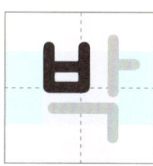 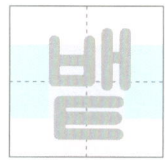 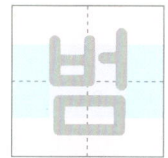 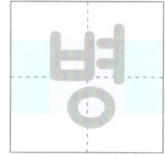 

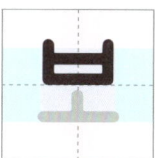 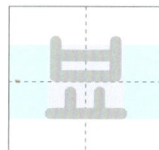 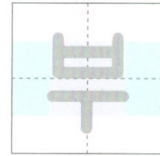 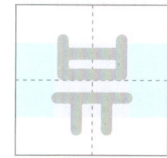 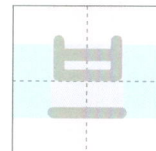

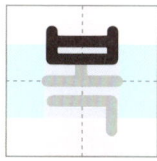 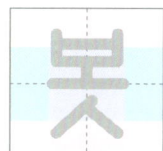 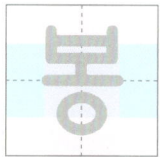 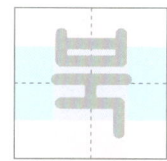 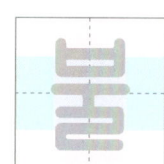

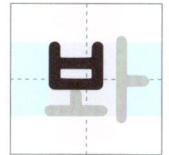 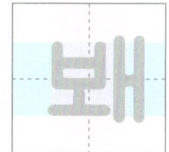 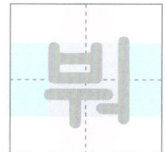 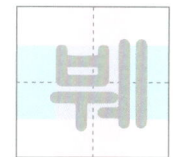 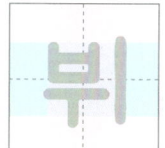

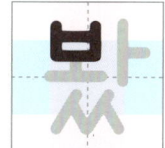 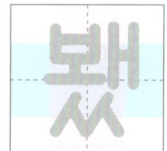 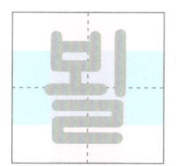 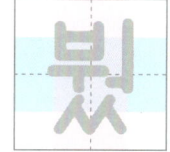

'ㅃ'으로 시작하는 글자 따라 쓰기

이중 자음 'ㅃ'은 'ㅂ'을 두 번 쓰다 보니 공간이 아주 좁아요. 선과 선 사이 공간이 너무 좁으면 내가 쓴 글자가 다르게 읽힐 수 있으니 조심하세요.

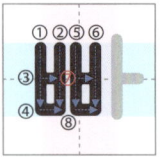 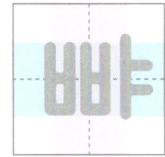 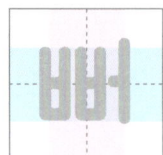 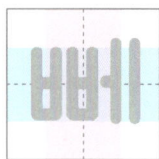 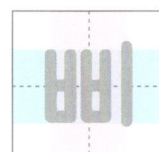

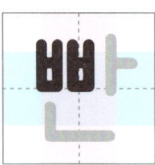 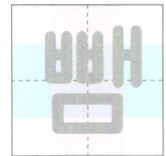  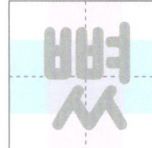 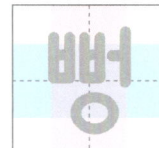

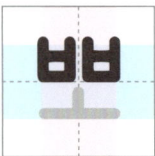 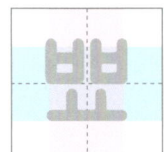 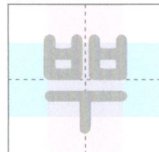 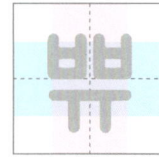 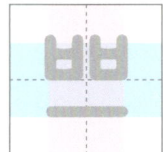

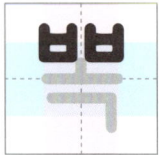 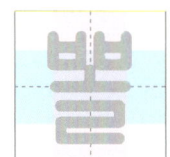 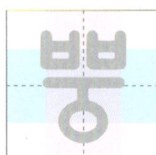 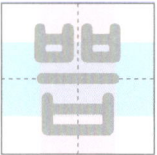

쓰다보니 내 글씨도 반듯반듯하게 예뻐지는 것 같아!

'ㅅ'으로 시작하는 글자 따라 쓰기

'ㅅ'은 왼쪽 사선 획을 길게 긋고 오른쪽 사선 획은 먼저 그은 획의 중간 지점에 그어요. 모음에 따라 오른쪽 사선 위치가 조금씩 달라지니 어디에 그어야 하는지 꼼꼼히 살펴보면서 따라 쓰세요.

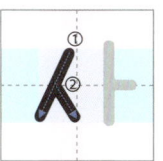 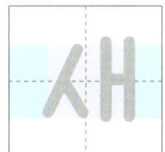 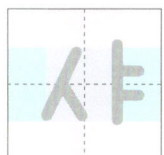  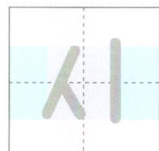

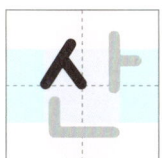  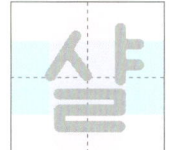 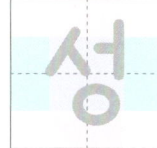 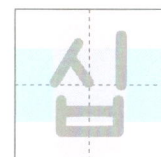

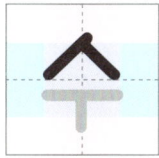 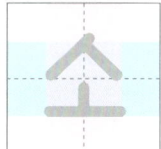 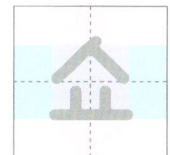 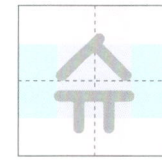 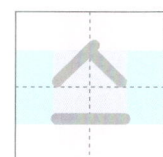

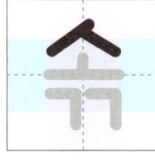 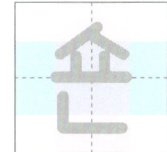 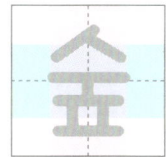 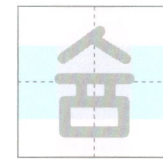 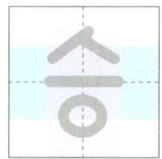

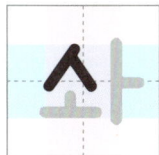  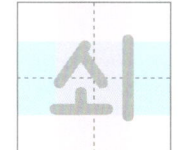 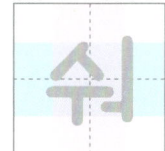 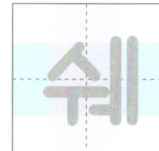

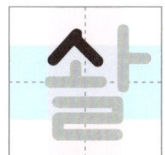 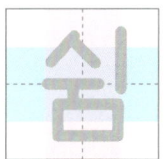

'ㅆ'으로 시작하는 글자 따라 쓰기

이중 자음 'ㅆ'도 'ㅅ'과 같은 순서로 두 번 반복해 적으면 돼요. 오른쪽 사선의 각도는 모음에 따라 조금 다르게 긋기 잊지 마세요. 리듬을 살려 'ㅆ'을 따라 써 보세요.

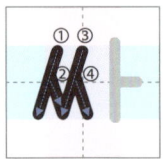 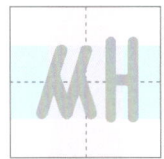 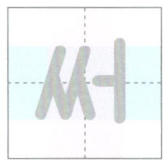 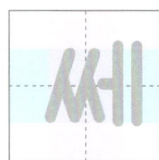 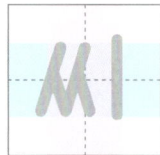

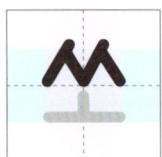  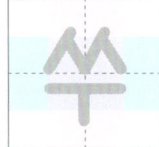 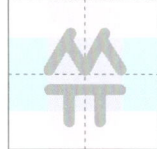 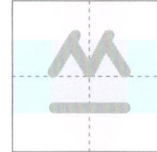

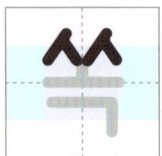 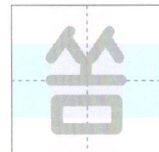 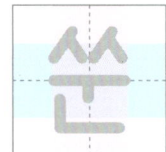 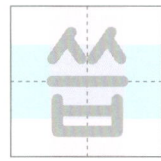 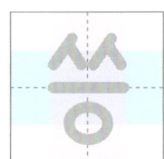

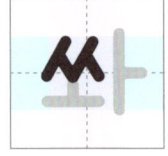 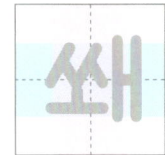 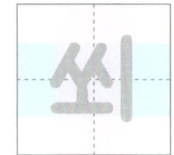 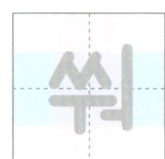 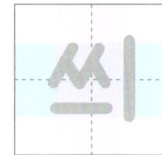

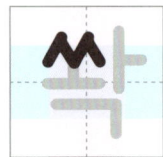 

'ㅇ'으로 시작하는 글자 따라 쓰기

'ㅇ'은 동그라미 모양과 크기가 중요해요. 원 크기를 크게 또는 작게 그리면 글자의 균형을 잃기 쉬워요. 글자마다 미묘하게 달라지는 'ㅇ'의 모양을 제대로 익혀 보세요.

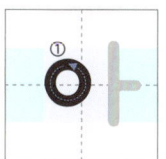 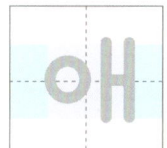 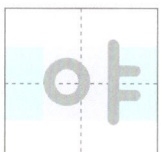 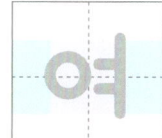 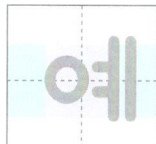

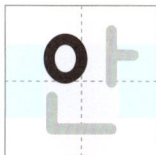 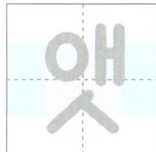 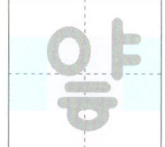 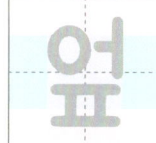 

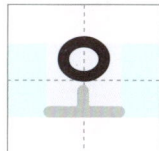 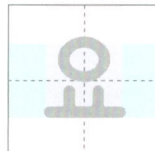 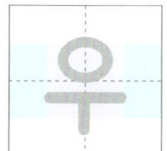 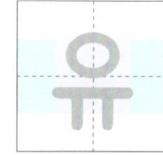 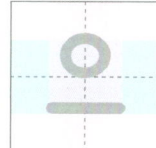

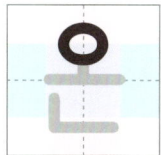 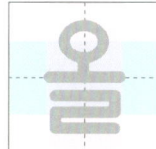 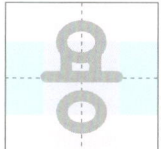 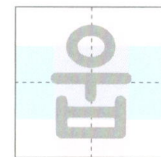 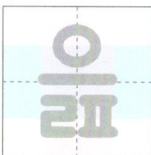

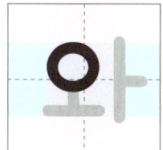 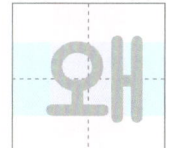 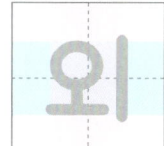 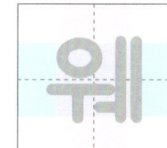 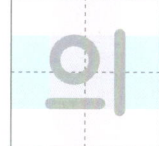

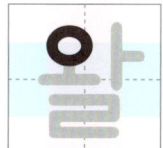 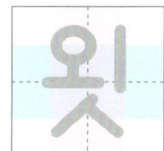 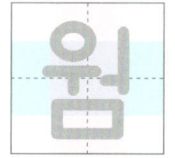 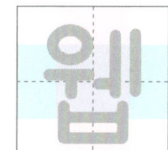

'ㅈ'으로 시작하는 글자 따라 쓰기

'ㅈ'은 'ㄱ'에 사선 획을 더한 자음이라고 생각하면 따라 쓰기 쉬워요. 사선은 쓰기 칸 속 가로 점선을 기준 삼아 그으면 조금 더 쉽고 반듯한 'ㅈ'이 완성될 거예요.

자	재	쟈	쟤	져
작	잴	쟝	전	젝
조	죠	주	쥬	즈
졸	줌	증	즙	죽
좌	좨	죄	줘	줴
작	젔	준	줬

'ㅉ'으로 시작하는 글자 따라 쓰기

이중 자음 'ㅉ'도 'ㅈ'을 두 번 반복해 쓰면 돼요. 글자 사이 공간을 너무 좁게 혹은 넓게 쓰면 안 된다는 걸 잊지 말아요. 달라진 리듬은 따라 쓰면서 익혀 보세요.

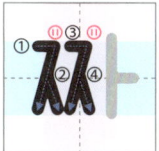  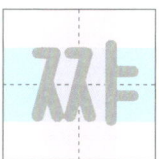 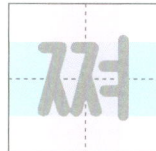 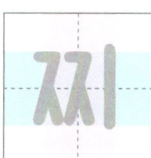

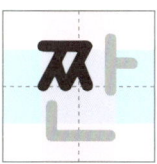 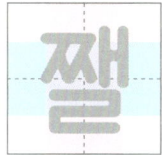  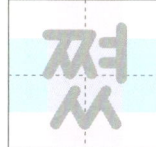 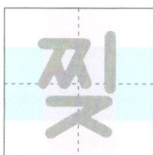

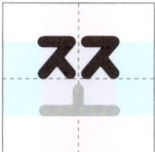 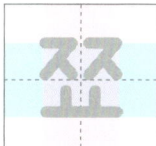 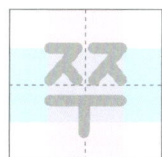 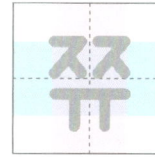 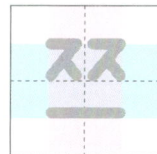

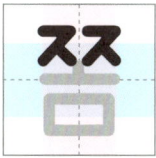 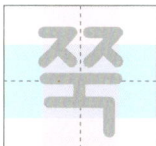  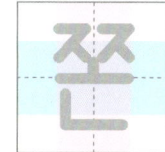 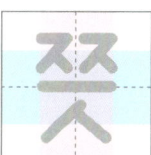

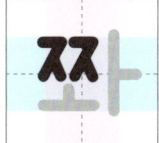 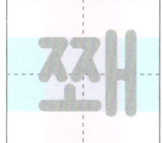 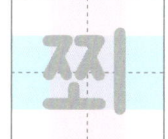 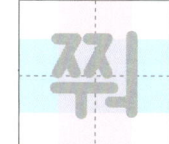 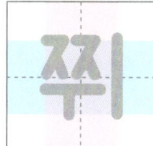

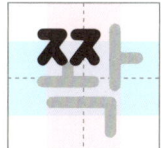 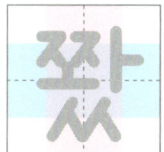 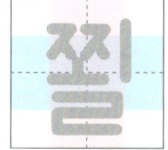

'ㅊ'으로 시작하는 글자 따라 쓰기

'ㅊ'은 'ㅈ'의 머리 위에 가로획을 더한 글자예요. 추가된 가로획은 'ㅈ'의 첫 가로획보다 짧게 긋는 게 중요한 포인트예요. 천천히 따라 쓰며 익혀 보세요.

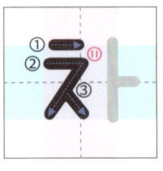 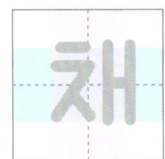 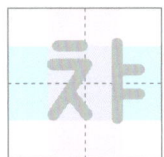 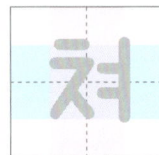 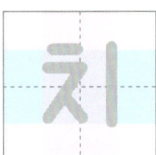

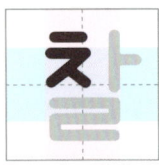 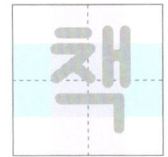  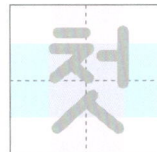 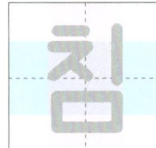

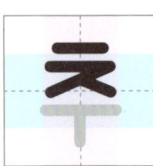 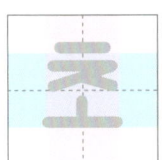 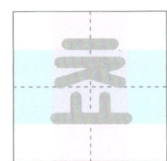 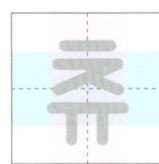 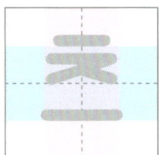

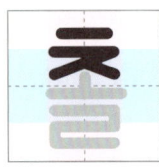 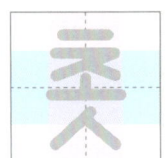 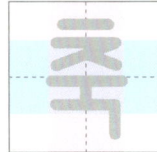 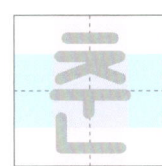 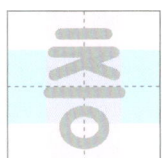

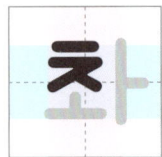 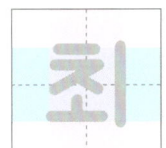  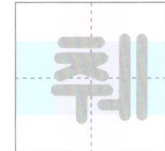 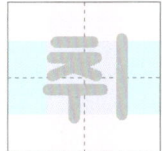

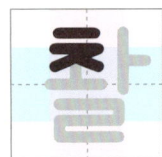 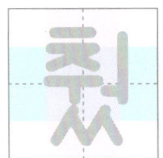

'ㅋ'으로 시작하는 글자 따라 쓰기

'ㅋ'은 'ㄱ'에 획을 하나 추가한 글자라고 생각하면 쉬워요. 사선 가운데에 가로획을 그으면 돼요. 이때 먼저 그어진 가로획보다 길면 안 돼요.

카	캐	캬	케	키
캅	캘	컨	켱	킷
코	쿄	쿠	큐	크
콜	콩	쿡	큰	큽
콰	쾌	쾨	쿼	퀘
쾅	칼	쿨		

'ㅌ'으로 시작하는 글자 따라 쓰기

'ㅌ'은 'ㄷ'에서 획을 더한 글자예요. ③을 긋기 전 가로획 사이 공간이 좁다면 'ㅌ'처럼 안 보이겠죠? 가운데 획을 너무 길게 그으면 글자가 균형을 잃을 수 있으니 주의해요.

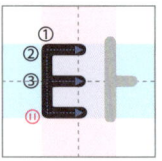 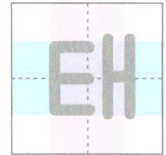 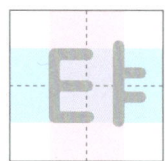 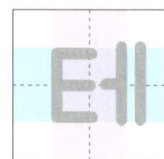 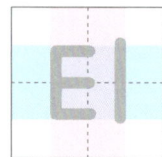

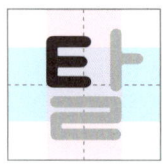 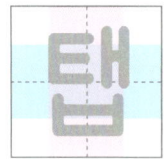 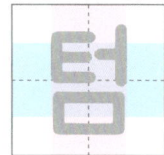 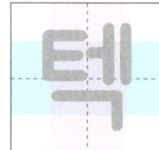 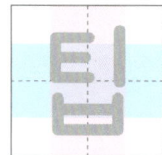

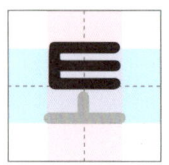 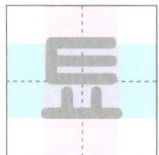 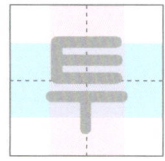 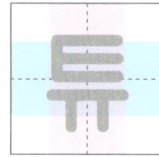 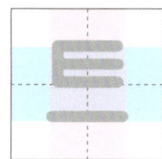

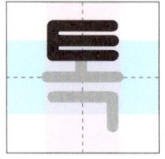 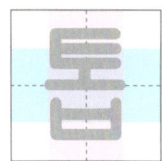 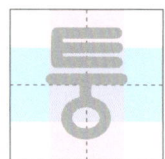 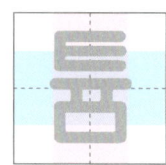 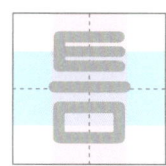

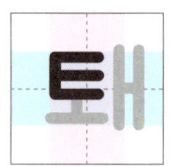 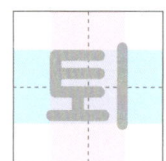 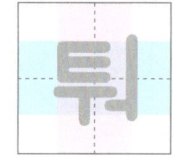 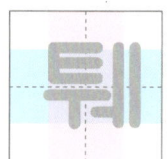 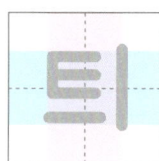

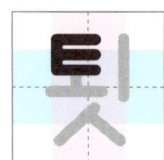 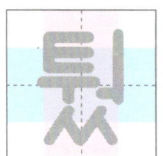

'ㅍ'으로 시작하는 글자 따라 쓰기

'ㅍ'은 가로획 사이에 세로획을 반듯하게 그어야 균형 있는 글자가 돼요. 선을 반듯하게 따라 쓰면서 획 사이 간격을 익혀 보세요.

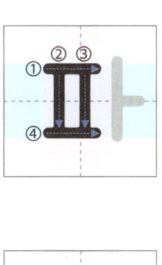  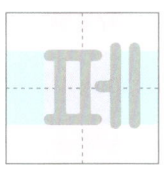 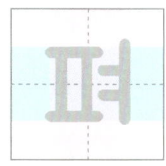 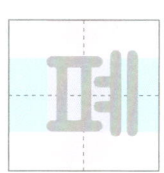

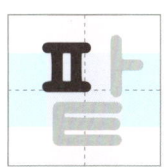 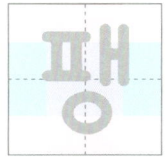 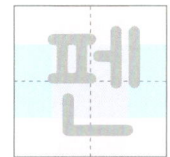 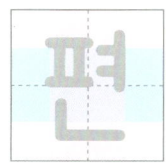 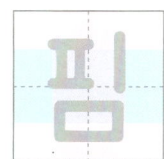

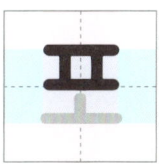 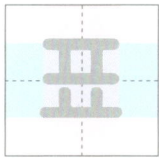 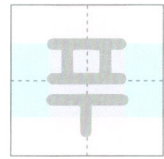 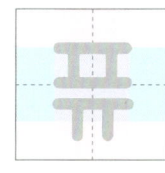 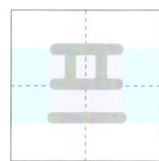

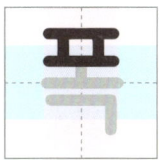 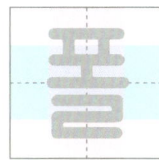 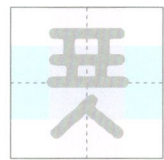 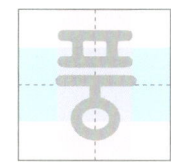 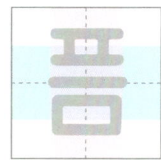

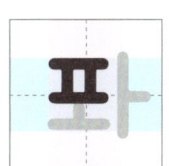 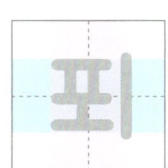 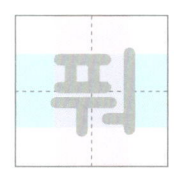 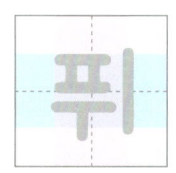

'ㅎ'으로 시작하는 글자 따라 쓰기

'ㅎ'은 'ㅇ' 위에 두 개의 가로획을 긋는 글자라고 생각하면 쉬워요. 동그라미를 그릴 때 가로획보다 크면 글자 균형이 흔들릴 수 있으니 특별히 신경 써요.

하	해	햐	헤	히
합	햇	헬	혔	힘
호	효	후	휴	호
흔	훈	흉	흙	흩
화	홰	훼	휘	희
할	했	훤	횡	흰

✏️ 숫자와 기호도 예쁘게 쓰자!

　여러분은 한글 사이에 숫자와 기호를 함께 쓸 때 한눈에 잘 읽혔나요? 간혹 숫자 'O'이 자음 'ㅇ'으로 읽힐 때가 있었을 거예요. 숫자와 기호를 쓸 때는 연필을 공책에서 떼지 않고 쓰며, 쉽고 빠르게 쓸 수 있다는 장점을 갖고 있지만 반대로 빨리 쓰는 바람에 형태가 무너져 알아보기 힘들어요. 잘 읽히는 숫자와 기호를 위해 천천히 정확하게 쓰는 연습이 필요해요. 어느 정도 익숙해지면 속도를 내면서 형태 유지하기를 시작해 보세요.

숫자와 기호 바로 잡기

천천히 제대로 쓰자!

아래 숫자를 한번 읽어 보세요. 살펴보면 시작부터 난감할 거예요. 'O'은 '9'처럼 보이고 '7'은 '1'처럼 보여요. 누구나 읽을 수 있게 천천히 그리고 제대로 쓰기 꼭 기억해요.

0123456199

간격은 일정하게 쓰자!

숫자와 기호의 간격은 일정하게 써야 해요. 너무 붙여 쓰면 엉뚱한 글자로 읽힐 수 있거든요. 내가 쓴 숫자와 기호를 누구나 읽을 수 있도록 간격을 맞춰 쓰기 잊지 마세요.

[불규칙한 간격] 조서진61　　조서진 6-1 [규칙적인 간격]

기호를 명확하게 쓰자!

괄호를 쓸 때 곡선을 대충 긋는다면 어떻게 될까요? 읽는 이가 헷갈려 숫자로 혹은 제대로 읽지 못할 수도 있어요. 이처럼 기호 모양은 명확하게 쓰기 꼭 지켜 주세요.

[대충 쓴 기호] (괄호 안에)　(괄호 안에) [제대로 쓴 기호]

숫자와 기호 따라 쓰기

숫자와 기호를 따라 쓰기 전에 선생님이 한 가지 꿀팁을 알려 줄게요. 기호는 숫자보다 작게 쓰는 게 좋아요. 숫자와 기호가 함께 적혀 있을 때 구별하기 더 쉽고 잘 보인답니다. 선생님의 꿀팁을 머릿속에 넣고 본격적으로 쓰기 연습을 시작해 보세요.

0 1 2 3 4 5 6 7 8 9

0 1 2 3 4 5 6 7 8 9

0 1 2 3 4 5 6 7 8 9

0 1 2 3 4 5 6 7 8 9

+ − ÷ × = ( ) 〈 〉 % ! ?

+ − ÷ × = ( ) 〈 〉 % ! ?

+ − ÷ × = ( ) 〈 〉 % ! ?

+ − ÷ × = ( ) 〈 〉 % ! ?

50871   63294

26405   89713

85369   41270

3245 + 1896 = 5141

48 ÷ 4   84 ÷ 7   60 ÷ 3

4시 30분   5시 40분   6시 20분

2025년 5월 17일 독서 일기

50% 할인받았어.

우아! 대단해! 멋있어!

나랑 같이 배울까?

✏️ 알파벳을 예쁘게 쓰자!

알파벳은 대문자와 소문자로 나뉘며 글자의 모양이 달라요. 크기도 달라 영어 공책에 쓸 때 글자의 중심이 움직이는 걸 쓰면서 느껴요. 가장 먼저 알파벳은 공책 속 네 개의 선 중 빨간색 선에 맞춰 쓰는 게 기본이에요. 대문자와 소문자의 높이는 나머지 선으로 한눈에 알 수 있어요. 다음으론 알파벳의 가로획과 세로획을 똑바로 긋기예요. 알파벳의 획 중 한 개만 흐트러져도 알아보기 어려워요. 나는 소문자 'a'를 썼는데 획을 정확한 위치에 쓰지 않으면 소문자 'o'처럼 보일 수 있답니다.

알파벳과 한글을 같이 써야 하는 상황이 종종 있어요. 내가 쓴 내용을 읽으려는데 한눈에 안 읽혔던 경험이 있지 않나요? 그럴 때는 알파벳과 한글 크기를 다르게 해 보세요. 한글보다 영어를 조금 더 크게 쓰면 다른 글자로 헷갈리지 않는답니다.

대문자 알파벳 바로 잡기

높이와 중심을 맞추자!

알파벳의 높이는 영어 공책에 그려진 선에 맞추고, 알파벳의 중심은 가운데 맞춰 써야 해요. 알파벳의 높이를 일정하게 써야 내가 쓴 영단어가 깔끔하고 한눈에 보여요.

획을 그을 때 신경 쓰자!

한글처럼 알파벳을 쓸 때도 올바른 획 긋기가 중요해요. 아래 영단어를 보세요. 'H'의 세로획을 사선으로 그었더니 'A'처럼 보여요. 내가 쓴 단어가 제대로 보일 수 있도록 획의 기울기를 신경 써 주세요.

교정 전 → Happy → Happy ← 교정 후

대문자 알파벳 따라 쓰기

대문자 알파벳은 빨간색 선부터 위에 칸까지 써요. 모양이 크다 보니 획을 큼직하게 그어야 해요. 선을 대충 그으면 획의 움직임을 제대로 알기 힘드니 천천히 정확하게 따라 써 보세요.

ABCDEFGHIJKLM

NOPQRSTUVWXYZ

소문자 알파벳 바로 잡기

베이스 라인 소문자

영어 공책은 세 칸으로 나뉘어 있어요. 빨간색으로 표시된 선을 베이스 라인이라고 하는데 꼬리가 없는 소문자는 이 안에 맞춰 알파벳을 적어요. 예외로 'i'와 't'는 몸이 길어 머리가 선 밖으로 조금 튀어 나가니 주의해요.

a c e i m n o r s t u v w x z

꼬리가 긴 소문자

베이스 라인을 넘는 소문자가 있어요. 바로 꼬리가 달린 소문자 'b, d, f, h, k, l'이에요. 여섯 개의 소문자는 베이스 라인을 넘어 위 칸까지 꼬리를 길게 빼 주세요.

b d f h k l

다리가 긴 소문자

베이스 라인 아래로 내려가는 소문자도 있어요. 다리가 긴 소문자 'g, j, p, q, y'예요. 이 소문자들은 몸을 베이스 라인에 두고 다리는 아래 칸까지 밑으로 빼야 한답니다.

g j p q y

우아, 대문자와 소문자 쓰는 방법이 이렇게나 다르구나!

소문자 알파벳 따라 쓰기

소문자는 대문자보다 작아 획의 움직임이 크지 않아요. 획이 잘못 그어지지 않도록 조심하도록 해요. 베이스 라인을 지켜가며 따라 써 보세요.

a b c d e f g h i j k l m

a b c d e f g h i j k l m

a b c d e f g h i j k l m

a b c d e f g h i j k l m

n o p q r s t u v w x y z

n o p q r s t u v w x y z

n o p q r s t u v w x y z

n o p q r s t u v w x y z

Apple Apple Apple Apple Apple

Banana Banana Banana Banana

Evening Evening Evening Evening

Flower Flower Flower Flower

Monkey Monkey Monkey Monkey

Teacher Teacher Teacher Teacher

Umbrella Umbrella Umbrella

I want this book. I want this book.

Let's play tennis. Let's play tennis.

What time is it? What time is it?

4단계 문장 쓰기 포인트 알기

문장을 쓸 때도 주의해야 할 것이 있어요. 첫 번째는 문장 띄어쓰기예요. 글자와 글자 사이를 충분히 띄어 쓰지 않으면 읽는 사람이 헷갈리기 쉬워요. '아버지가 방에 들어가신다'를 붙여 쓴다면 읽는 사람이 헷갈려 '아버지 가방에 들어가신다'로 읽을 수도 있거든요.

두 번째는 받침 있는 글자와 없는 글자의 크기와 높이예요. 글자의 크기는 일정해야 쓰기 쉽고 다 쓴 문장을 살폈을 때 더 반듯해 보여요. 받침이 없다고 글자 크기를 크게 쓴다면 받침 있는 글자는 더 커지고, 자음과 모음 사이 공간과 글자 간격에 대한 감각을 잃어버릴 수 있어요.

> 띄어쓰기는 한눈에 보이도록 띄어 써요.

> 받침 있는 글자와 받침 없는 글자의 높이가 달라 보이지만 괜찮아요.

글자의 크기와 높이 그리고 간격을 균등하게.

세 번째는 글줄의 중심이 중앙에 위치하도록 해요. 평소 줄 없는 노트에 글자를 쓰면 글자가 중심을 잃고 점점 위로 올라가거나 때론 아래로 내려왔을 거예요. 바르고 예쁜 글씨체를 위해 글줄의 중심을 가운데 두고 글자를 쓸 수 있도록 신경 써요.

> 글자 중심이 중앙에 위치하면 글줄이 수평을 이뤄요.

글줄의 중심이 중앙에 위치

2부

1
희로애락
기쁜 감정 배우기

희로애락의 '희'는 기쁠 희(喜)라는 한자가 쓰였어요. 말 그대로 기쁘다는 것을 뜻하죠. 저녁을 준비한 엄마 대신 내가 설거지해 엄마를 기쁘게 만들기도 하고, 날 위해 준비한 친구의 선물에 감동해 기쁘기도 해요. 미소 짓게 만드는 기쁨을 뜻하는 감정 단어를 배우고 따라 써 보세요.

따라쟁이 내 동생

네 살 차이가 나는
작고 소중한 내 동생은
나를 졸졸 따라다니며
행동을 다 따라해요.
따라쟁이 동생의 모습이 귀여워
자꾸 웃음이 나요.
밥그릇을 깨끗하게 비우면
동생도 싹싹 비우고,
칫솔질로 입안에 거품이 가득 차면
동생도 복어가 돼요.
이 모습을 본 엄마는 나와 동생을
칭찬해요.

1 감정 단어와 문장을 또박또박 따라 써 보세요.

소중하다 | 매우 귀중하다.

| 소 | 중 | 하 | 다 | | 소 | 중 | 하 | 다 | |

귀엽다 | 예쁘고 곱거나 또는 애교가 있어서 사랑스럽다.

| 귀 | 엽 | 다 | | | 귀 | 엽 | 다 | | |

칭찬하다 | 좋은 점이나 착하고 훌륭한 일을 높이 평가하다.

| 칭 | 찬 | 하 | 다 | | 칭 | 찬 | 하 | 다 | |

소중한 내 동생

| 소 | 중 | 한 | | 내 | | 동 | 생 | | |

모습이 **귀여워**.

| 모 | 습 | 이 | | 귀 | 여 | 워 | . | | |

2 내가 다른 사람을 따라 했던 일을 적어 보세요.

나는

애착 인형 토순이

내가 가장 아끼는
인형 토순이.
쫑긋 세운 귀로
내 비밀이야기를 듣고
침대에서 잠도 함께
자곤 했어요.
시간이 흘러 낡은 토순이를
이젠 보내야 해요.

"나랑 놀아 줘서 고마워."

고생한 토순이에게
훈훈한 인사를 건네요.

1 감정 단어를 또박또박 따라 써 보세요.

고맙다 | 남이 베풀어 준 호의나 도움 따위에 대하여 마음이 흐뭇하고 즐겁다.

| 고 | 맙 | 다 | | 고 | 맙 | 다 | | | | |

아끼다 | 물건이나 사람을 소중하게 여겨 보살피거나 위하는 마음을 가지다.

| 아 | 끼 | 다 | | 아 | 끼 | 다 | | | | |

훈훈하다 | 마음을 부드럽게 녹여 주는 따스함이 있다.

| 훈 | 훈 | 하 | 다 | | 훈 | 훈 | 하 | 다 | | |

아끼는 인형 토순이

| 아 | 끼 | 는 | | 인 | 형 | | 토 | 순 | 이 |

훈훈한 인사

| 훈 | 훈 | 한 | | 인 | 사 | | | | |

2 나의 애착 물건을 소개해 주세요.

나의

보람찬 청소 시간

청소 당번을 한 번씩
돌아가면서 해요.
막상 내 차례가 되면
귀찮지만 약속이니
열심히 청소해요.

깨끗해진 교실을 보니
보람차고 내가 자랑스러워요.
교실을 180도 달라지게
만드는 게 당번이라면
이제는 달갑게
맞이해 볼까 봐요!

1 감정 단어를 또박또박 따라 써 보세요.

달갑다 | 거리낌이나 불만이 없어 마음이 흡족하다.

| 달 | 갑 | 다 | | 달 | 갑 | 다 | | | | | |

보람차다 | 결과가 좋아서 자랑스러움과 자부심을 갖게 할 만큼 만족스럽다.

| 보 | 람 | 차 | 다 | | 보 | 람 | 차 | 다 | | | |

자랑스럽다 | 남에게 드러내어 뽐낼 만한 데가 있다.

| 자 | 랑 | 스 | 럽 | 다 | | | | | | | |

내가 **자랑스러워요**.

| 내 | 가 | | 자 | 랑 | 스 | 러 | 워 | 요 | . | | |

달갑게 맞이해.

| 달 | 갑 | 게 | | 맞 | 이 | 해 | . | | | | |

2 내가 보람을 느꼈던 경험을 소개해 주세요.

나는

기분 좋은 칭찬

미술 시간에 짝꿍이랑
협동화를 그려요.
짝꿍이 내 그림 실력을 칭찬해요.

"우아, 너 그림
예쁘게 잘 그린다!"

따뜻한 칭찬 한마디에
행복해요.
칭찬은 언제나
날 기분 좋게 만들어요!

❶ 감정 단어를 또박또박 따라 써 보세요.

따뜻하다 | 감정, 태도, 분위기 따위가 정답고 포근하다.

| 따 | 뜻 | 하 | 다 | | 따 | 뜻 | 하 | 다 | |

좋다 | 감정 따위가 기쁘고 만족스럽다.

| 좋 | 다 | | 좋 | 다 | | 좋 | 다 | |

행복하다 | 생활에서 충분한 만족과 기쁨을 느끼어 흐뭇하다.

| 행 | 복 | 하 | 다 | | 행 | 복 | 하 | 다 | |

따뜻한 칭찬 한마디

| 따 | 뜻 | 한 | | 칭 | 찬 | | 한 | 마 | 디 |

기분 **좋게** 만들어.

| 기 | 분 | | 좋 | 게 | | 만 | 들 | 어 | . |

❷ 기분을 좋게 만든 칭찬을 적어 보세요.

나는

아슬아슬 두발자전거

페달을 밟으면 몸은 기우뚱
핸들은 흔들흔들

두발자전거가
제멋대로 움직여요.

노력 끝에 두발자전거 타기를
성공했어요.

바람을 맞으며
씽씽 달리니

짜릿하고
속이 시원해요.

1 감정 단어를 또박또박 따라 써 보세요.

성공하다 | 목적하는 바를 이루다.

| 성 | 공 | 하 | 다 | | 성 | 공 | 하 | 다 | |

시원하다 | 답답한 마음이 풀리어 흐뭇하고 가뿐하다.

| 시 | 원 | 하 | 다 | | 시 | 원 | 하 | 다 | |

짜릿하다 | 마음이 순간적으로 조금 흥분되고 떨리는 듯하다.

| 짜 | 릿 | 하 | 다 | | 짜 | 릿 | 하 | 다 | |

씽씽 달리니 **짜릿해**.

| 씽 | 씽 | | 달 | 리 | 니 | | 짜 | 릿 | 해 | . |

속이 **시원해요**.

| 속 | 이 | | 시 | 원 | 해 | 요 | . | | |

2 연습 끝에 성공한 나만의 이야기를 소개해 주세요.

나는

두근두근 발표회

발표회에서
피아노를 연주했어요.

너무 긴장해서
작은 실수도 있었지만
연주가 끝난 후
쏟아지는 박수 소리가
내 노력을 인정받은 것 같아요.

벅차오르는 기분을 안고
의기양양한 표정으로
모두에게 감사 인사를 했어요.

1 감정 단어를 또박또박 따라 써 보세요.

벅차다 | 감격, 기쁨, 희망 따위가 넘칠 듯이 가득하다.

| 벅 | 차 | 다 | | 벅 | 차 | 다 | | | |

의기양양 | 뜻한 바를 이루어 만족한 마음이 얼굴에 나타나다.

| 의 | 기 | 양 | 양 | | 의 | 기 | 양 | 양 | |

인정받다 | 확실히 그렇다고 여김을 받다.

| 인 | 정 | 받 | 다 | | 인 | 정 | 받 | 다 | |

의기양양한 표정

| 의 | 기 | 양 | 양 | 한 | | 표 | 정 | | |

노력을 **인정받다**.

| 노 | 력 | 을 | | 인 | 정 | 받 | 다 | . | |

2 내 꿈은 무엇인지 소개해 주세요.

나의 꿈은

달콤한 하루

버스에서 짐을 잔뜩 든 할머니께 자리를 양보했어요.
고맙다며 할머니가 요구르트를 주셨어요.

작지만 좋은 일로 받은 선물이 값지게 느껴졌어요.
뿌듯한 표정으로 말하니 엄마가 칭찬했어요.

달콤해.

오늘은 달콤한 하루를 보낸 특별한 날이에요!

1 감정 단어를 또박또박 따라 써 보세요.

값지다 | 큰 보람이나 의의 따위가 있다.

| 값 | 지 | 다 | | 값 | 지 | 다 | | | | |

달콤하다 | 편안하고 포근하다.

| 달 | 콤 | 하 | 다 | | 달 | 콤 | 하 | 다 | | |

뿌듯하다 | 기쁨이나 감격이 마음에 가득 차서 벅차다.

| 뿌 | 듯 | 하 | 다 | | 뿌 | 듯 | 하 | 다 | | |

뿌듯한 표정

| 뿌 | 듯 | 한 | | 표 | 정 | | | | | |

값지게 느껴져요.

| 값 | 지 | 게 | | 느 | 껴 | 져 | 요 | . | | |

2 내가 했던 선행과 그때의 기분을 적어 보세요.

나는

친구의 생일 파티

친구가 만족할
선물을 준비했어요.
신나게 선물을 뜯는
친구의 모습을 상상하니 흐뭇해요.
파티 장소에는
맛있는 음식이
잔뜩 있어요.
우릴 위해 많은 걸 준비한
친구에게 감동했어요.

그거 아세요?
서로를 위하는 마음을
우정이라고 한대요!

1 감정 단어를 또박또박 따라 써 보세요.

감동하다 | 크게 느끼어 마음이 움직이다.

| 감 | 동 | 하 | 다 | | 감 | 동 | 하 | 다 | |

만족하다 | 마음에 흡족하다.

| 만 | 족 | 하 | 다 | | 만 | 족 | 하 | 다 | |

흐뭇하다 | 마음에 흡족하여 매우 만족스럽다.

| 흐 | 뭇 | 하 | 다 | | 흐 | 뭇 | 하 | 다 | |

상상하니 **흐뭇해요**.

| 상 | 상 | 하 | 니 | | 흐 | 뭇 | 해 | 요 | . |

친구에게 **감동해요**.

| 친 | 구 | 에 | 게 | | 감 | 동 | 해 | 요 | . |

2 나의 절친한 친구에게 주고 싶은 생일 선물을 적어 보세요.

나는

신나는 가족 여행

엄마가 주말에 가족끼리 양떼 목장에 간대요. 나와 동생은 신이 나 거실을 팔짝팔짝 뛰어요.

들판을 유유히 걷는 평온한 양도 구경하고 먹이를 주는 체험도 할 수 있대요.

동생과 사이좋게 당근을 먹일 생각을 하니 정말 흥분되고 기대돼요!

1 감정 단어를 또박또박 따라 써 보세요.

사이좋다 | 서로 정답다. 또는 서로 친하다.

| 사 | 이 | 좋 | 다 | | 사 | 이 | 좋 | 다 |

평온하다 | 조용하고 평안하다.

| 평 | 온 | 하 | 다 | | 평 | 온 | 하 | 다 |

흥분하다 | 어떤 자극을 받아 감정이 북받쳐 일어나다.

| 흥 | 분 | 하 | 다 | | 흥 | 분 | 하 | 다 |

들판 위 **평온한** 양

| 들 | 판 | | 위 | | 평 | 온 | 한 | | 양 |

흥분되고 기대돼요!

| 흥 | 분 | 되 | 고 | | 기 | 대 | 돼 | 요 | ! |

2 양떼 목장에서 보고 싶은 광경을 떠올려 보고 적어 보세요.

나는

처음 본 뮤지컬

처음 본 뮤지컬은
잊지 못할 경험이었어요.
배우가 무대 위에서
춤추고 노래하는 모습은
감탄할 정도로
멋있었거든요.

특히 마지막 장면은
감격스러웠어요.
집으로 가는 길에
감미로웠던
노래를 부르며
동생과 함께
춤을 췄어요.

1 **감정 단어를 또박또박 따라 써 보세요.**

감격하다 | 마음에 깊이 느끼어 크게 감동하다.

| 감 | 격 | 하 | 다 | | 감 | 격 | 하 | 다 | |

감미롭다 | 달콤한 느낌이 있다.

| 감 | 미 | 롭 | 다 | | 감 | 미 | 롭 | 다 | |

감탄하다 | 마음속 깊이 느끼어 놀라다.

| 감 | 탄 | 하 | 다 | | 감 | 탄 | 하 | 다 | |

감격스러운 장면

| 감 | 격 | 스 | 러 | 운 | | 장 | 면 | | |

감미로웠던 노래

| 감 | 미 | 로 | 웠 | 던 | | 노 | 래 | | |

2 **감명 깊게 본 영화나 뮤지컬을 소개해 주세요.**

내가

2
희로애락
화난 감정 배우기

희로애락의 '로'는 성낼 노(怒)라는 한자로, 분하고 섭섭하여 화가 치미는 감정을 뜻해요. 누가 내 물건을 망가뜨리면 화가 나고, 체험 학습을 가는 날 갑작스럽게 비가 내리면 하늘이 원망스러워요. 내 마음을 부글부글 끓게 만드는 감정 단어를 따라 쓰면서 같이 배워요.

도둑맞은 아이스크림

아껴 먹으려던 아이스크림이
사라져 화가 났어요.
내가 좋아하는 간식만
쏙쏙 골라 먹는 우리 아빠가
범인이 분명해요.

아빠에게 돌려 달라며
짜증을 냈어요.
아빠는 당혹스러운 얼굴로
손을 휘휘 내저었어요.

흠, 그렇다면 범인은
누구일까요?

1 감정 단어를 또박또박 따라 써 보세요.

당혹스럽다 | 생각이 막혀 어찌할 바를 몰라 하다.

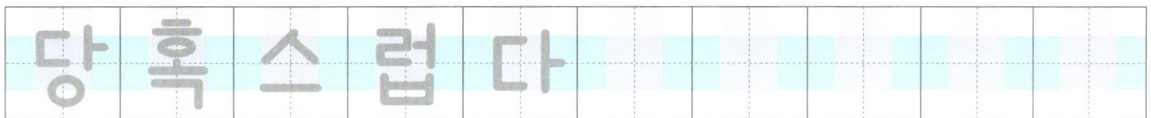

짜증 내다 | 마음에 꼭 맞지 아니하여 발칵 화를 내다.

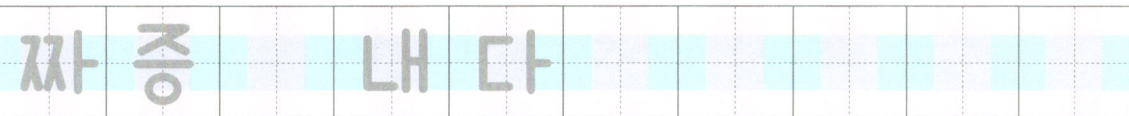

화나다 | 성이 나서 가슴이 답답해지는 기운이 생기다.

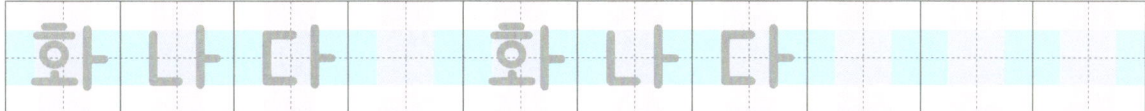

당혹스러운 얼굴

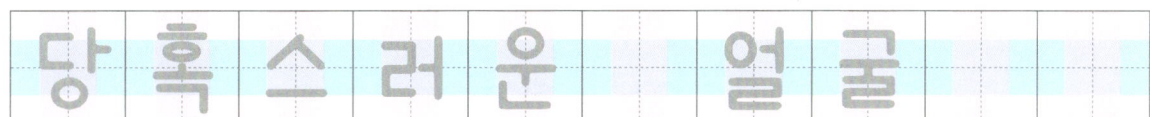

짜증을 냈어요.

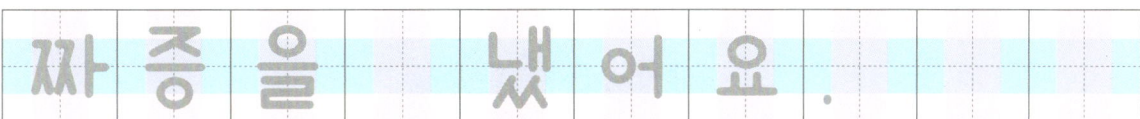

2 간식을 누군가에게 뺏긴 적 있나요? 그때 나는 어떻게 행동했는지 적어 보세요.

나는

계주와 돌부리

달리기가 반에서 1등인 나는
운동회 계주 선수로 나갔어요.

바통을 넘겨받고 달리다 그만
돌부리에 걸려 넘어졌어요.

다친 무릎보다
우리 반이 꼴등을 한 게
내 탓만 같아 고통스러웠어요.
참담한 결과에
모두가 속상할 거예요.

하지만 친구들은 나를 안으며
위로해 주었어요.

1 감정 단어를 또박또박 따라 써 보세요.

고통스럽다 | 몸이나 마음이 괴롭고 아픈 느낌이 있다.

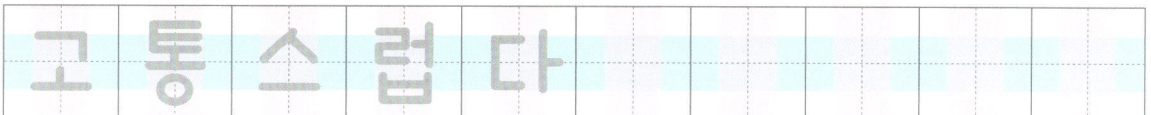

속상하다 | 화가 나거나 걱정이 되어 마음이 불편하고 우울하다.

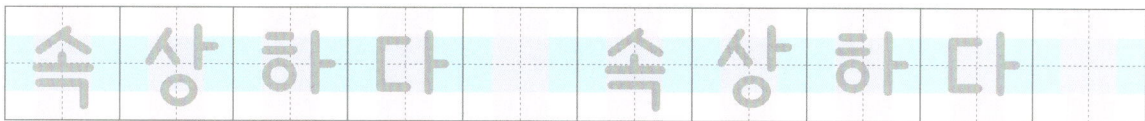

참담하다 | 몹시 슬프고 괴롭다.

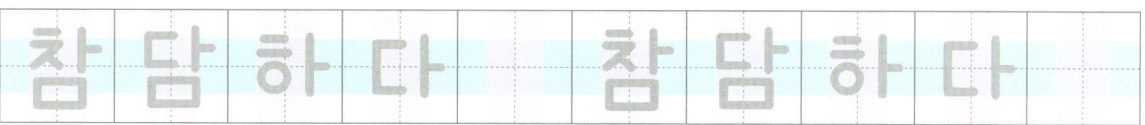

참담한 결과

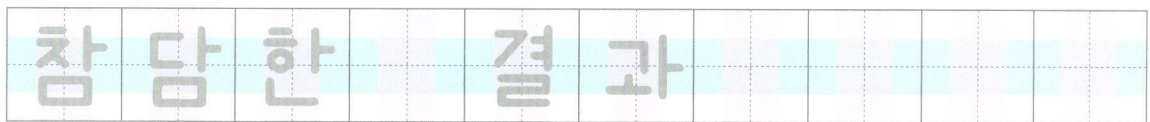

마음이 **고통스러워**.

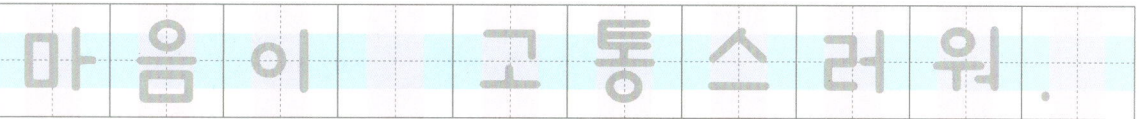

2 계주 선수로 나간 친구에게 응원의 말을 적어 보세요.

친구야,

내 별명은 고릴라

친구들이 나를
고릴라라고 놀려요.
속에서 부글부글 끓지만,
꾹 눌러요.

오늘은 참지 못하고
친구에게 화를 냈어요.
집에서 다시 생각하니
찝찝한 게 있죠.

내일은 폭발한
내 감정을 이야기하고
놀리지 말라고 친구에게
꼭 얘기해야겠어요.

1 감정 단어를 또박또박 따라 써 보세요.

부글부글하다 | 착잡하거나 언짢은 생각이 뒤섞여 자꾸 마음이 들볶이다.

부	글	부	글	하	다						

찝찝하다 | 개운하지 않고 무엇인가 마음에 걸리는 데가 있다.

찝	찝	하	다		찝	찝	하	다			

폭발하다 | 속에 쌓여 있던 감정 따위가 일시에 세찬 기세로 나오다.

폭	발	하	다		폭	발	하	다			

속이 **부글부글**.

속	이		부	글	부	글	.				

폭발한 내 감정

폭	발	한		내		감	정				

2 나를 놀리는 친구에게 어떻게 말하면 좋을지 적어 보세요.

친구야,

애벌레 소동

나무 아래로
애벌레 한 마리가 툭!
그늘 밑에서 쉬고 있던
친구들이 질색해요.

애벌레 때문에
그늘을 빼앗긴 친구는
어떡하냐며 전전긍긍하고
다른 친구는
몸서리치며 도망가요.

용감한 내가 나뭇잎으로
벌레를 쓱 치웠어요.

재하 대단한데!

1 감정 단어를 또박또박 따라 써 보세요.

몸서리치다 | 몹시 싫거나 무서워서 몸이 떨리다.

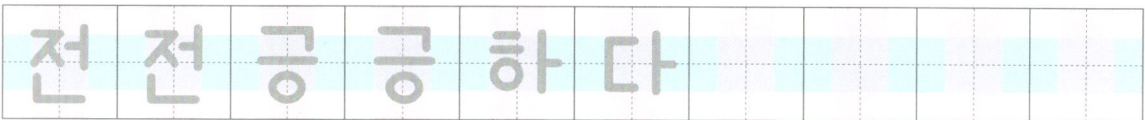

전전긍긍하다 | 몹시 두려워서 벌벌 떨며 조심하다.

질색하다 | 몹시 싫어하거나 꺼리다.

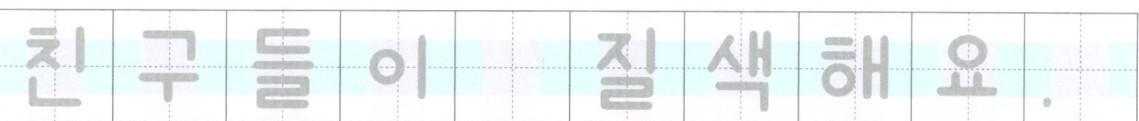

친구들이 **질색해요**.

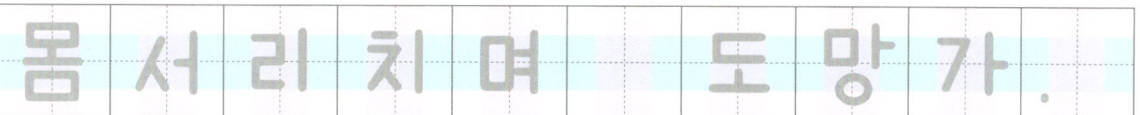

몸서리치며 도망가.

2 날 대신해 난감한 일을 해결해 준 친구에게 감사 인사를 적어 보세요.

친구야,

망가진 곰돌이 볼펜

아끼던 곰돌이 볼펜이
동생 때문에 망가졌어요.
시치미 떼는 동생이
괘씸했어요.

너무 화가 나 동생에게
소리를 질렀어요.

사정을 모르는 엄마가
무작정 날 혼내 억울해요.

조안아, 엄마가 미안해.

내 잘못을 인정하고
내 불만을 털어놓으니
엄마가 나를 꼭 안으며
사과했어요.

감정 단어를 또박또박 따라 써 보세요.

괘씸하다 | 예절이나 믿음과 의리에 어긋난 짓을 당하여 분하고 밉살스럽다.

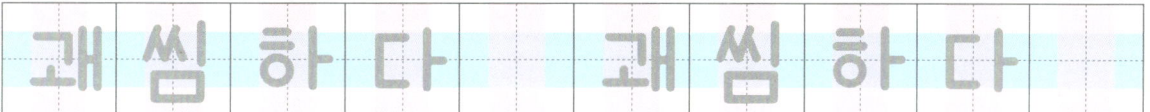

불만스럽다 | 보기에 마음에 차지 않아 언짢은 느낌이 있다.

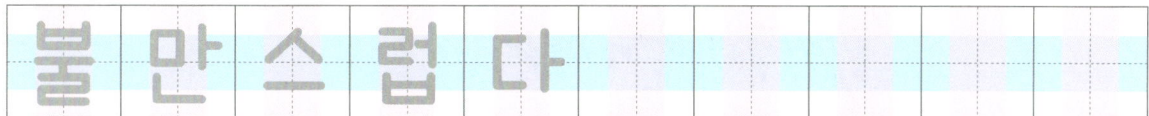

억울하다 | 아무 잘못 없이 꾸중을 듣거나 벌을 받거나 하여 분하고 답답하다.

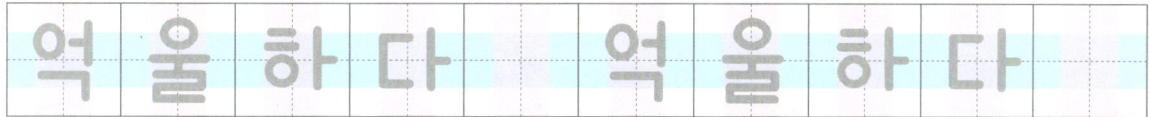

동생이 **괘씸했어요**.

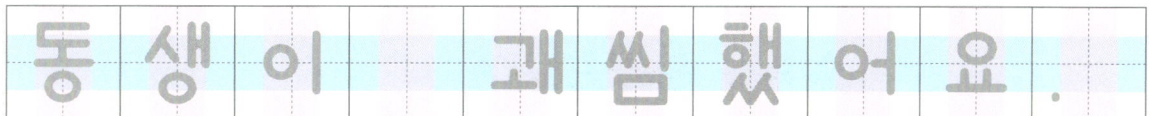

불만을 털어놓다.

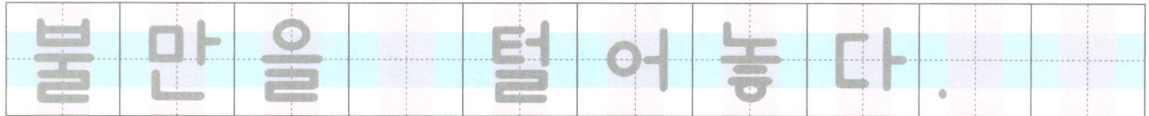

2 내가 조안이였다면 어떻게 말했을지 적어 보세요.

나는

얄미운 빗방울

캠핑장으로 가는 길에
빗방울이 떨어져요.
갑작스럽게 내리는
빗방울이 얄미워요.
모닥불에 마시멜로를
구워 먹기로 했는데….

야심 찬 계획이 망가지니
눈물이 북받쳤어요.

아빠가 실망한 나에게
따뜻한 코코아와
위로를 건네며

내 마음을
달래 주셨어요.

1 감정 단어를 또박또박 따라 써 보세요.

북받치다 | 감정이나 힘 따위가 속에서 세차게 치밀어 오르다.

실망하다 | 바라던 일이 뜻대로 되지 않아 마음이 몹시 상하다.

얄밉다 | 말이나 행동이 약빠르고 밉다.

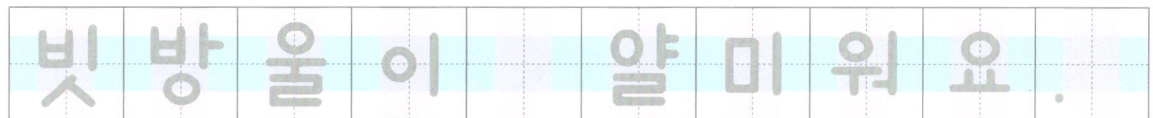

빗방울이 **얄미워요**.

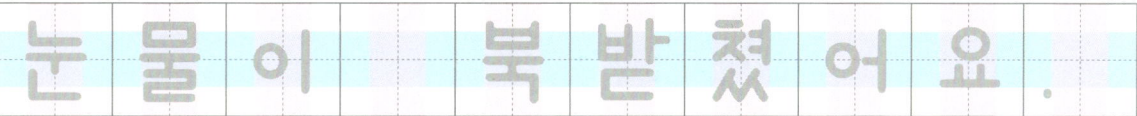

눈물이 **북받쳤어요**.

2 비가 와서 속상한 친구에게 건네줄 위로의 말을 적어 보세요.

친구야,

질투하는 내 마음

짝꿍이 바뀌어 단짝과 멀어졌어요.
다른 친구랑 웃는 소리에 질투가 나고
서로 장난치는 모습은 못마땅해요.

셋이서 급식을 먹고 과제도 함께하다 보니
좋은 친구란 걸 깨달았어요.

예민하게 굴었던
내가 부끄러워요.
앞으론 친구를
편견없이 대해야겠어요.

1 감정 단어를 또박또박 따라 써 보세요.

못마땅하다 | 마음에 들지 않아 좋지 않다.

못 마 땅 하 다

예민하다 | 자극에 대한 반응이나 감각이 지나치게 날카롭다.

예 민 하 다   예 민 하 다

질투하다 | 잘되거나 좋은 처지에 있는 것을 이유 없이 미워하다.

질 투 하 다   질 투 하 다

질투가 나요.

질 투 가   나 요.

예민하게 굴어요.

예 민 하 게   굴 어 요.

2 누군가를 이유 없이 질투할 때 어떻게 대처하면 좋을지 적어 보세요.

나는

떨리는 발표회

부모님이 학교에 오시는
공개 수업 날이에요.
모두 앞에서 발표할 생각에
떨리고 불안해요.

칠판 앞에서니
머릿속이 하얗게 변해
초조했어요.

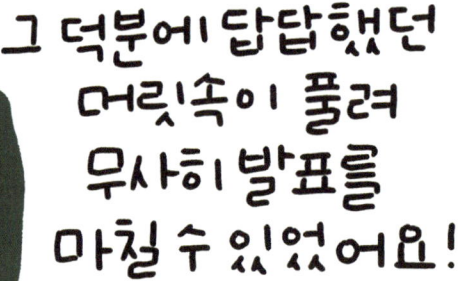

그때 엄마가 주먹을 쥐며
날 응원했어요.

그 덕분에 답답했던
머릿속이 풀려
무사히 발표를
마칠 수 있었어요!

감정 단어를 또박또박 따라 써 보세요.

답답하다 | 애가 타고 갑갑하다.

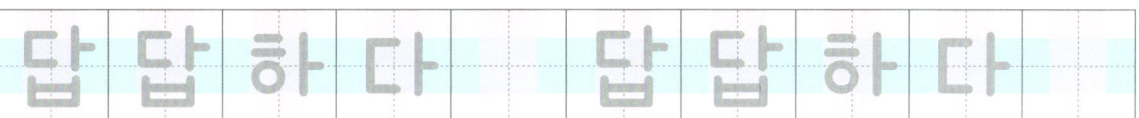

불안하다 | 마음이 편하지 아니하다.

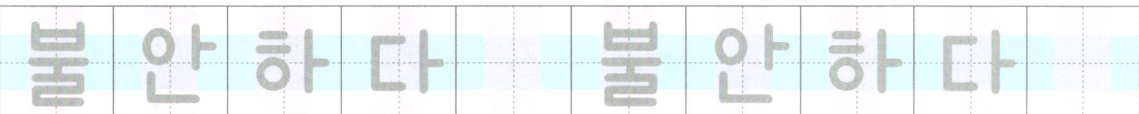

초조하다 | 애가 타서 마음이 조마조마하다.

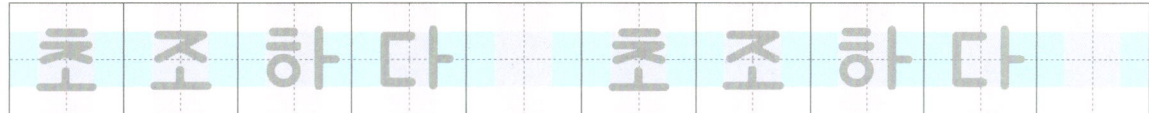

답답한 머릿속

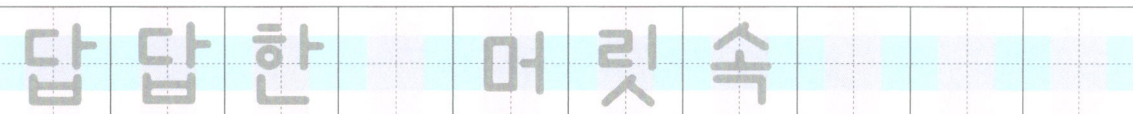

떨리고 **불안해요**.

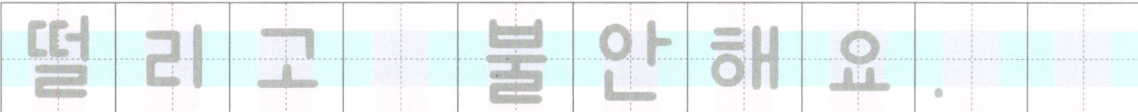

마음이 불안할 때 진정시키는 나만의 방법을 적어 보세요.

나는

부러진 색연필

친구에게 빌린
색연필이 부러졌어요.
친구가 아끼는 색깔이라
무척이나 곤란했어요.
부러진 채로 돌려준다면
친구가 날 미워할 거예요.
친구에게 진심으로
사과한다면
뿔났던 마음도
가라앉겠죠?

감정 단어를 또박또박 따라 써 보세요.

곤란하다 | 사정이 몹시 딱하고 어렵다.

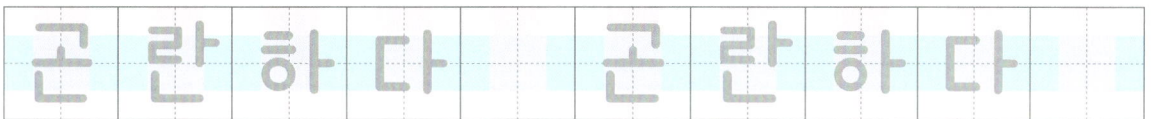

밉다 | 모양, 생김새, 행동거지 따위가 마음에 들지 않거나 눈에 거슬리다.

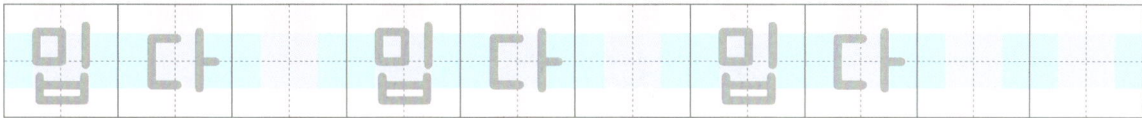

뿔나다 | 성이 나다.

뿔났던 마음

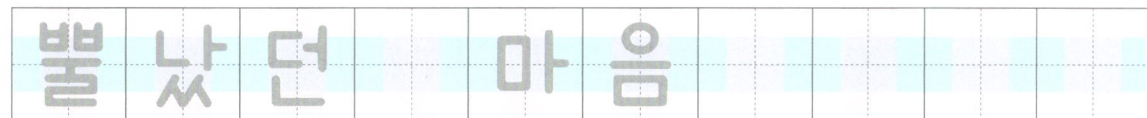

무척 **곤란했어요**.

2 친구의 물건을 부러뜨렸을 때 내 마음이 어떨지 상상하며 적어 보세요.

나는

쓰라린 패배

우리 학교는 스포츠 스태킹
동아리로 유명해요.
야심 차게 나간 대회에서
쓰라린 패배를 겪고
모두가 낙심해 있었어요.
어깨가 축 늘어진 우릴
선생님이 다독였어요.
"너희는 최선을 다했어.
기죽지 말렴."

1 감정 단어를 또박또박 따라 써 보세요.

기죽다 | 기세가 꺾여 약해지다.

| 기 | 죽 | 다 | | 기 | 죽 | 다 | | | | | |

낙심하다 | 바라던 일이 이루어지지 아니하여 마음이 상하다.

| 낙 | 심 | 하 | 다 | | 낙 | 심 | 하 | 다 | | | |

쓰라리다 | 마음이 몹시 괴롭다.

| 쓰 | 라 | 리 | 다 | | 쓰 | 라 | 리 | 다 | | | |

쓰라린 패배

| 쓰 | 라 | 린 | | 패 | 배 | | | | | | |

기죽지 말렴.

| 기 | 죽 | 지 | | 말 | 렴 | . | | | | | |

2 대회에 나가는 친구에게 힘이 되는 응원의 말을 적어 보세요.

친구야,

3
희로애락
슬픈 감정 배우기

희로애락의 '애'는 무슨 한자일까요? 속상해서 눈물이 나고 기운이 처져 우울함을 느끼는 기분의 뜻을 가진 슬플 애(哀)라는 한자예요. 친한 친구와 싸워 화도 나지만 한편으론 속상하고 기대했던 일이 생각처럼 되지 않아 눈물이 나기도 해요. 내 슬픔을 표현하는 다양한 감정 단어를 읽고 쓰며 함께 알아봐요.

쓸쓸한 고양이 도리

가족여행을 간다는 말에
신이 나 우리집 고양이 도리랑
폴짝폴짝 뛰었어요.

"도리는 갈 수 없다."는
엄마의 말에 도리가 불쌍해졌어요.
떠나는 날 풀이 죽은 표정으로
나를 바라보면 어떡해요.

내 걱정을 알아챈 엄마가
삼촌이 대신 돌봐 줄거라고
위로했어요.

감정 단어를 또박또박 따라 써 보세요.

걱정하다 | 안심이 되지 않아 속을 태우다.

| 걱 | 정 | 하 | 다 | | 걱 | 정 | 하 | 다 | | |

불쌍하다 | 처지가 안되고 애처롭다.

| 불 | 쌍 | 하 | 다 | | 불 | 쌍 | 하 | 다 | | |

풀이 죽다 | 활기나 기세가 꺾이다.

| 풀 | 이 | | 죽 | 다 | | | | | | |

풀이 죽은 표정

| 풀 | 이 | | 죽 | 은 | | 표 | 정 | | | |

도리가 **불쌍해요**.

| 도 | 리 | 가 | | 불 | 쌍 | 해 | 요 | . | | |

친구나 가족과 함께 놀러 가지 못해 속상했던 일을 적어 보세요.

나는

엄마와 줄넘기 연습

박자에 맞춰 뛰는 줄넘기가 어려워서 고민이에요.

줄넘기 급수 시험을 보다가 줄에 걸려 넘어진 창피한 기억도 떠올라 의기소침해지거든요.

고민 해결을 위해 엄마가 도와준대요. 박수 소리로 리듬을 익히고 뛰는 높이도 배워요. 콩콩 뛸수록 자신감이 생기는 것 같아요!

1 감정 단어를 또박또박 따라 써 보세요.

고민하다 | 어찌할 줄 몰라 괴로워하고 애를 태우다.

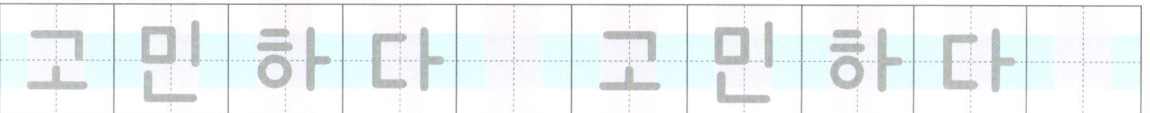

의기소침하다 | 기운이 없어지고 풀이 죽은 상태이다.

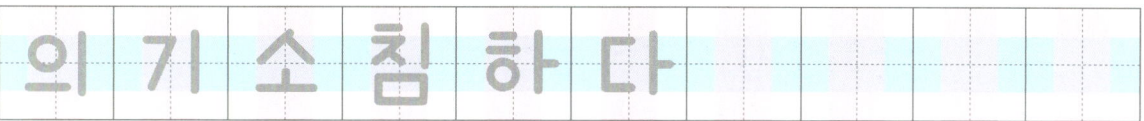

창피하다 | 체면이 깎이는 일이나 아니꼬운 일을 당하여 부끄럽다.

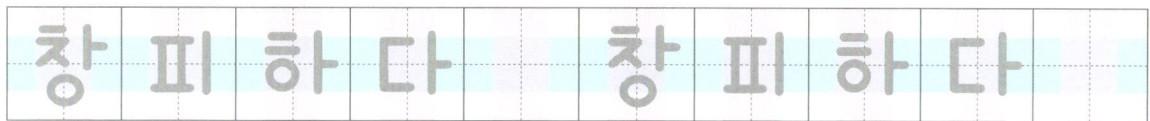

창피한 기억

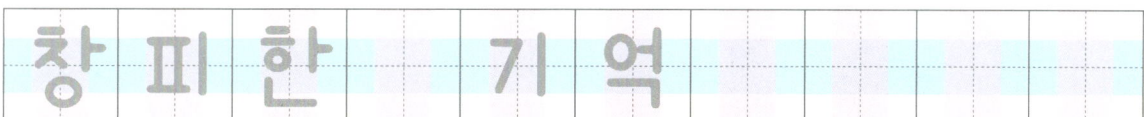

줄넘기가 **고민이다**.

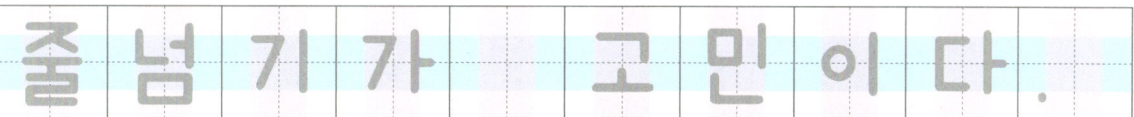

2 줄넘기를 잘하는 나만의 꿀팁이 있다면 적어 보세요.

나는

올림픽 양궁 경기

조마조마 떨며 응원한
올림픽 양궁 경기.

화살이 8점에 꽂히면
안타까워 탄식하고
10점에 꽂히면
환호해요!

치열한 경기 끝에
우리나라가 이겼어요.
허무한 표정을 짓는
상대에게 우리 선수가
먼저 위로와 악수를 청하는
모습이 참 멋있어요.

1 감정 단어를 또박또박 따라 써 보세요.

안타깝다 | 뜻대로 되지 아니하거나 보기에 딱하여 가슴 아프고 답답하다.

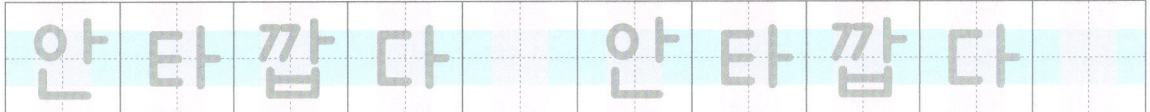

조마조마하다 | 닥쳐올 일에 대하여 염려가 되어 마음이 불안하다.

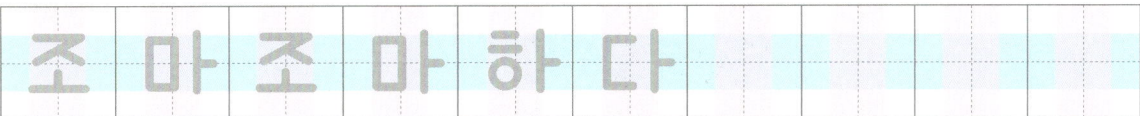

허무하다 | 무의미하게 느껴져 매우 허전하고 쓸쓸하다.

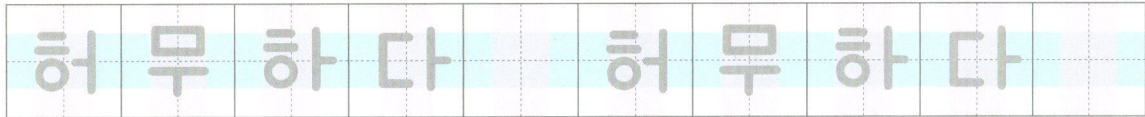

허무한 표정

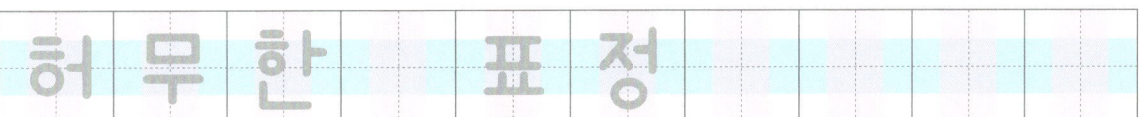

안타까워 탄식해요.

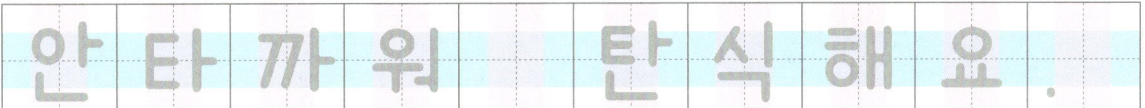

2 기억에 남는 올림픽 경기를 소개해 주세요.

나는

텅 빈 옆자리

내 짝꿍이 다른 학교로
전학을 갔대요.
갑작스러운 소식에
인사도 못 하고 헤어져
슬프고 서운했어요.
모두 있는 짝꿍이
나만 없어 허전해요.
빈자리를 보며
짝꿍의 소중함도 느끼고
평소에 더 잘해 줄 걸
후회됐어요.

1 감정 단어를 또박또박 따라 써 보세요.

서운하다 | 마음에 모자라 아쉽거나 섭섭한 느낌이 있다.

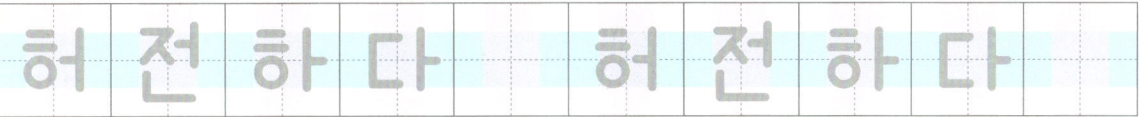

허전하다 | 무엇을 잃거나 의지할 곳이 없어진 것같이 서운한 느낌이 있다.

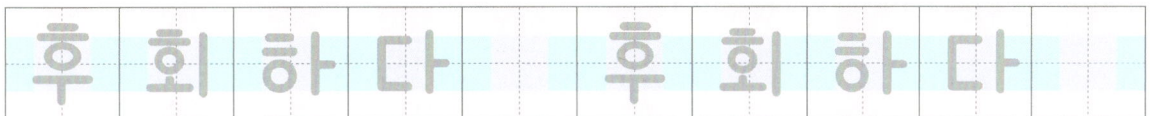

후회하다 | 이전의 잘못을 깨치고 뉘우치다.

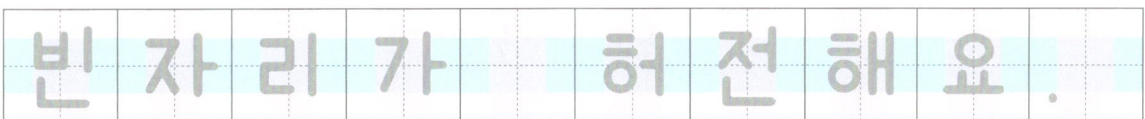

빈자리가 **허전해요**.

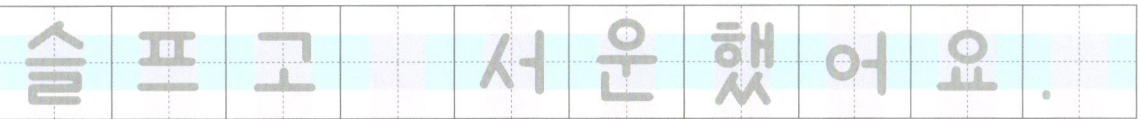

슬프고 **서운했어요**.

2 갑자기 짝꿍이 사라진다면 기분이 어떨지 상상하며 적어 보세요.

나는

무심한 말 상처받는 말

"넌 되게 예민한 것 같아!"
친구의 무심한 말
때문에 괴로워요.
얼굴 보기도 불편하고
자꾸만 신경이 쓰여요.
누구보다 나를 잘 아는 친구지만
이런 내 마음을
이야기하면 알아줄지
근심과 걱정이 앞서요.

1 감정 단어를 또박또박 따라 써 보세요.

괴롭다 | 몸이나 마음이 편하지 않고 고통스럽다.

| 괴 | 롭 | 다 | | 괴 | 롭 | 다 | | | |

근심하다 | 해결되지 않은 일 때문에 속을 태우거나 우울해하다.

| 근 | 심 | 하 | 다 | | 근 | 심 | 하 | 다 | |

불편하다 | 다른 사람과의 관계 따위가 편하지 아니하다.

| 불 | 편 | 하 | 다 | | 불 | 편 | 하 | 다 | |

무심한 말에 괴로워.

| 무 | 심 | 한 | | 말 | 에 | | 괴 | 로 | 워 | . |

얼굴 보기 불편해.

| 얼 | 굴 | | 보 | 기 | | 불 | 편 | 해 | . |

2 상처 되는 말을 들었을 때 친구에게 어떻게 말하면 좋을지 적어 보세요.

친구야,

사고뭉치 내 동생

나를 피해 다니는
동생이 수상해요.
방에 가 보니
선물 받은 내 공책이
찢어져 있어요.
동생이 우물쭈물
망설이더니 사과했어요.

사고뭉치 동생이 밉고 싫지만,
부끄러움을 참고
용서를 구하는 동생을
이번엔 용서하기로
결심했어요.

감정 단어를 또박또박 따라 써 보세요.

망설이다 | 이리저리 생각만 하고 태도를 결정하지 못하다.

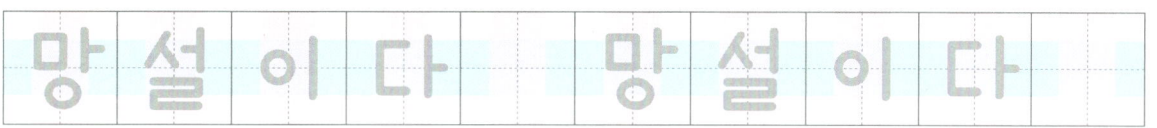

부끄럽다 | 일을 잘 못하거나 양심에 거리끼어 볼 낯이 없거나 매우 떳떳하지 못하다.

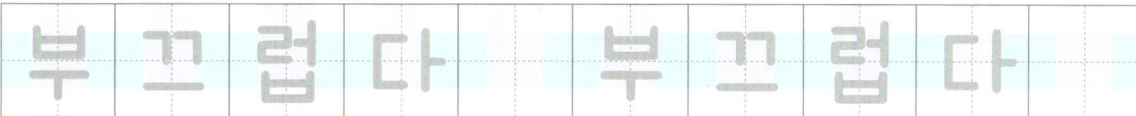

싫다 | 마음에 들지 아니하다.

우물쭈물 **망설여요**.

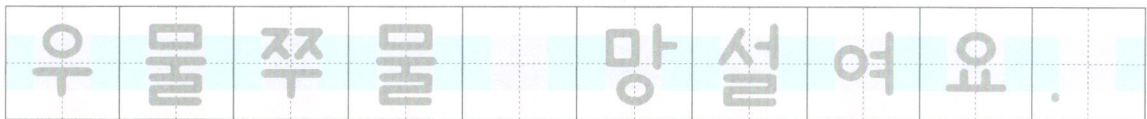

부끄러움을 참아요.

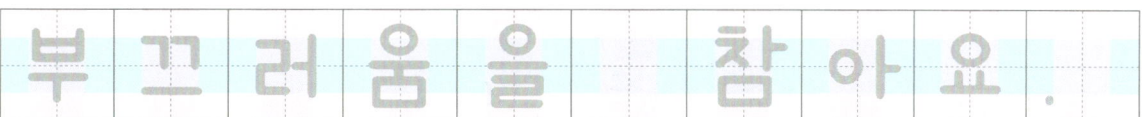

2 **만약 동생이 내 물건을 망가뜨렸다면 어떻게 말했을지 적어 보세요.**

나는

만능 해결사 우리 아빠

놀이공원에서
고리 던지기를 도전해요.
고리가 자꾸만
나무 기둥을 지나쳐
애탔어요.

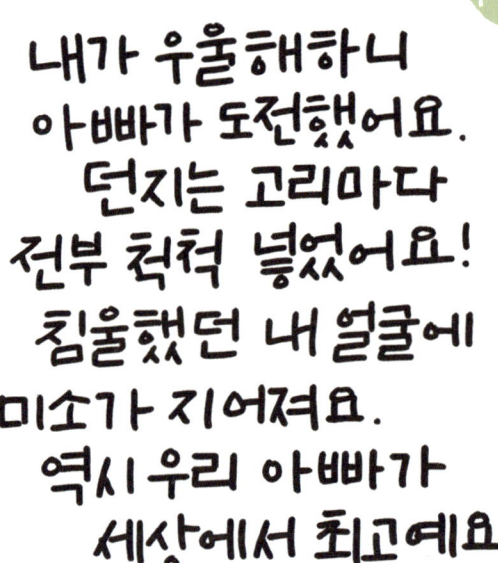

내가 우울해하니
아빠가 도전했어요.
던지는 고리마다
전부 척척 넣었어요!
침울했던 내 얼굴에
미소가 지어져요.
역시 우리 아빠가
세상에서 최고예요!

1 감정 단어를 또박또박 따라 써 보세요.

애태우다 | 몹시 답답하게 하거나 안타깝도록 속을 끓이다.

우울하다 | 근심스럽거나 답답하여 활기가 없다.

침울하다 | 걱정이나 근심에 잠겨서 마음이 우울하다.

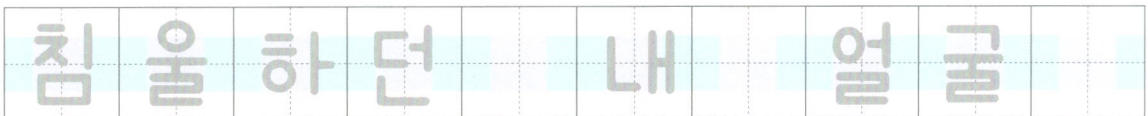

침울하던 내 얼굴

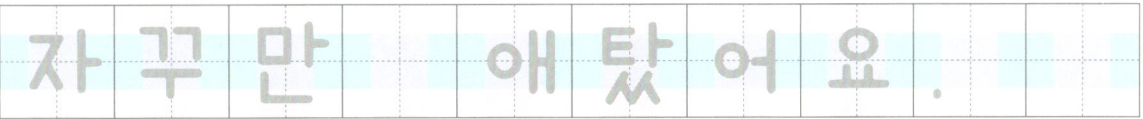

자꾸만 **애탔어요**.

| 자 | 꾸 | 만 | | 애 | 탔 | 어 | 요 | . |

2 아빠와 함께했던 추억을 떠올리며 그때 기분을 적어 보세요.

나는

애처로운 강아지

한 달에 한 번씩
유기견 보호 센터로
봉사 활동을 가요.
처음에는 달려드는
강아지들이 무서웠지만,
이제는 주인을 기다리는
모습이 딱해요.
애처로운
강아지들을 위해
더 열심히
봉사해야겠어요.

 **감정 단어를 또박또박 따라 써 보세요.**

두렵다 | 어떤 대상을 무서워하여 마음이 불안하다.

| 두 | 렵 | 다 | | 두 | 렵 | 다 | | | | |

딱하다 | 사정이나 처지가 애처롭고 가엾다.

| 딱 | 하 | 다 | | 딱 | 하 | 다 | | | | |

애처롭다 | 가엾고 불쌍하여 마음이 슬프다.

| 애 | 처 | 롭 | 다 | | 애 | 처 | 롭 | 다 | | |

애처로운 강아지

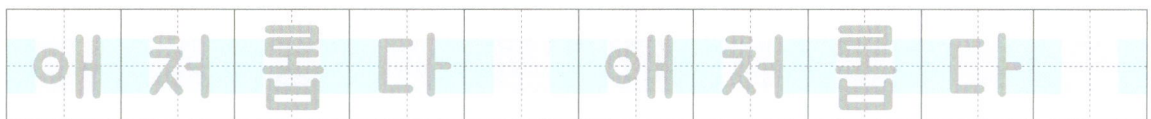

모습이 **딱해요**.

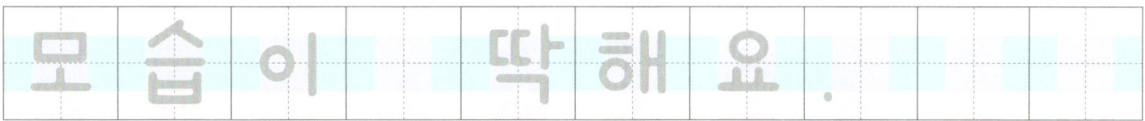

 **주인을 기다리는 강아지들에게 위로의 한마디를 적어 보세요.**

강아지야,

실패는 성공의 어머니

내가 만든 발명품이
과학 발명품 대회에서
떨어져 무척이나 슬펐어요.
"실패는 성공의 어머니야.
좌절하지 말렴."
축 처진 내 모습에
엄마가 위로했어요.

포기하지 않고
더 나은 발명품으로
내년에 다시
도전할 거예요!

형아 멋지다!

1 감정 단어를 또박또박 따라 써 보세요.

슬프다 | 원통한 일을 겪거나 불쌍한 일을 보고 마음이 아프고 괴롭다.

좌절하다 | 마음이나 기운이 꺾이다.

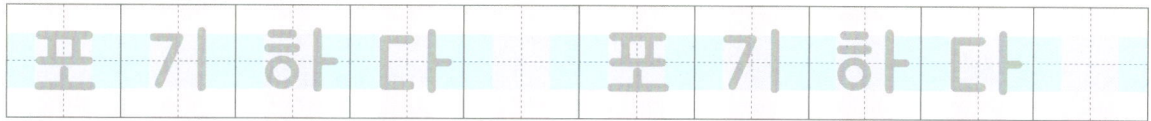

포기하다 | 하려던 일을 도중에 그만두어 버리다.

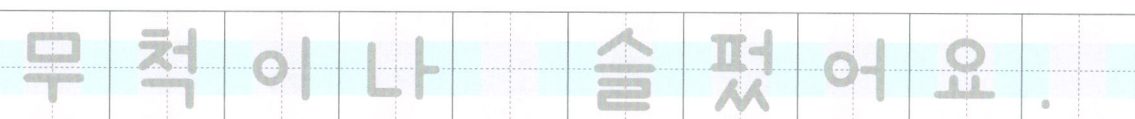

무척이나 **슬펐어요**.

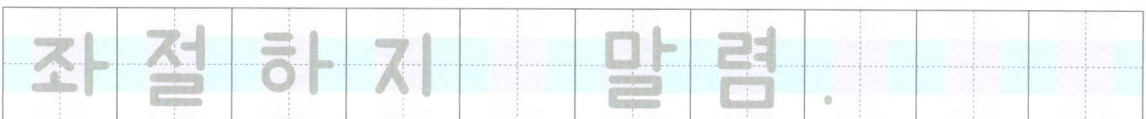

좌절하지 말렴.

2 대회에서 떨어진 친구에게 응원의 한마디를 적어 보세요.

친구야,

엄마의 앵두나무

외할머니 집에는
앵두나무가 있어요.
그 나무는
엄마가 태어났을 때
심은 거래요.

추석에 가 보니
푸른 잎은 사라지고
앙상한 모습이
안쓰럽고
쓸쓸해 보여요.
헤어짐은
아쉽지만,

내년에
다시 만나자!

감정 단어를 또박또박 따라 써 보세요.

쓸쓸하다 | 외롭고 적적하다.

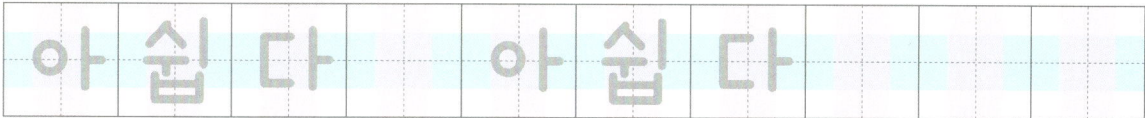

아쉽다 | 미련이 남아 서운하다.

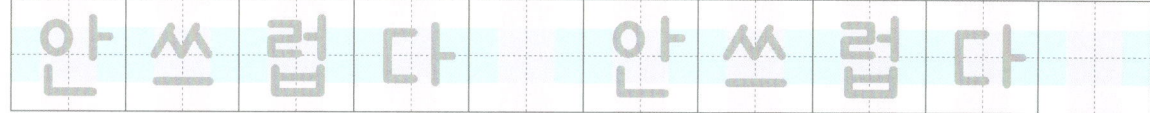

안쓰럽다 | 손아랫사람이나 약자의 딱한 형편에 마음이 아프고 가엽다.

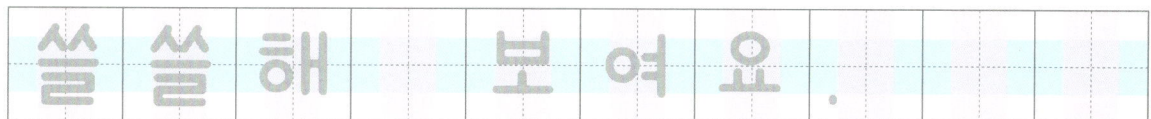

쓸쓸해 보여요.

헤어짐은 **아쉬워요**.

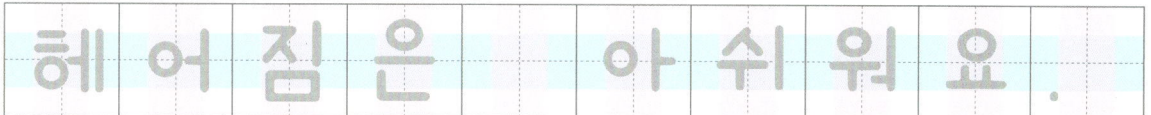

다음 해에 만날 앵두나무의 모습은 어떨지 상상하며 적어 보세요.

아마도

4
희로애락
즐거운 감정 배우기

희로애락의 '락'은 한자로 즐길 락(樂)이에요. 내가 좋아하는 아이돌 노래를 들으면 엉덩이가 들썩거리고 뜨거운 여름 시원한 바다로 놀러 가면 가슴이 쿵쾅거리며 바닷속으로 뛰어들고 싶어져요. 신나서 들뜬 내 마음을 마음껏 표현하는 즐거운 감정 단어를 따라 쓰면서 익혀 보세요.

웃음 가득 알뜰시장

공원에서 열린 알뜰시장은
활기찬 분위기로 가득했어요.

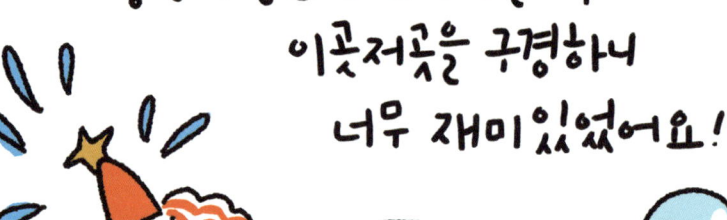

익살스러운 피에로 아저씨가
비눗방울 공연도 하고,
상점에서는 예쁜 액세서리와
캐릭터 인형도 팔고 있었어요.
동생과 달콤한 솜사탕을 먹으며
이곳저곳을 구경하니
너무 재미있었어요!

1 감정 단어를 또박또박 따라 써 보세요.

익살스럽다 | 남을 웃기려고 일부러 우스운 말이나 행동을 하는 데가 있다.

익 살 스 럽 다

재미있다 | 아기자기하게 즐겁고 유쾌한 기분이나 느낌이 있다.

재 미 있 다   재 미 있 다

활기차다 | 힘이 넘치고 생기가 가득하다.

활 기 차 다   활 기 차 다

익살스러운 피에로

익 살 스 러 운   피 에 로

활기찬 분위기예요.

활 기 찬   분 위 기 예 요.

2 알뜰시장을 구경했던 추억을 떠올리며 그때 감정을 적어 보세요.

나는

캠핑과 다람쥐

숲속 캠핑은
신선한 공기 덕분에
올 때마다
기분이 상쾌해요.
나무 사이를
총총 지나가는
다람쥐가 보여요.
귀여운 모습이
내 마음을 사로잡아요.
다람쥐를 따라 나도
신나게 뛰놀고 싶어요!

감정 단어를 또박또박 따라 써 보세요.

사로잡다 | 생각이나 마음을 온통 한곳으로 쏠리게 하다.

상쾌하다 | 느낌이 시원하고 산뜻하다.

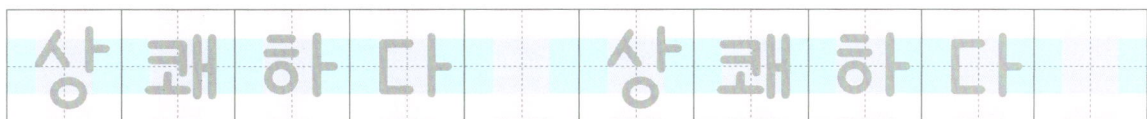

신나다 | 어떤 일에 흥미나 열성이 생겨 기분이 매우 좋아지다.

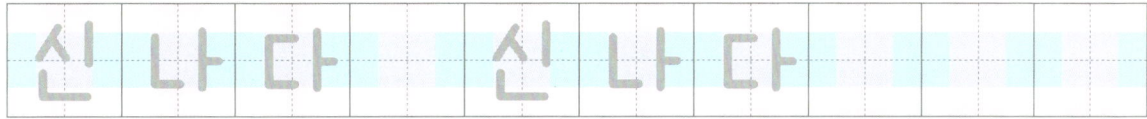

마음을 **사로잡아요**.

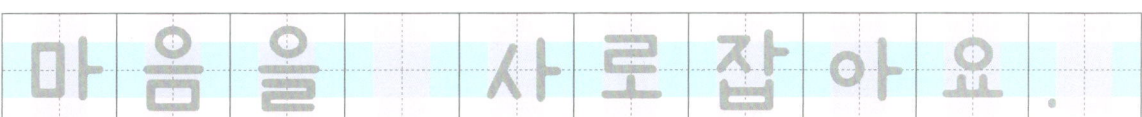

기분이 **상쾌해요**.

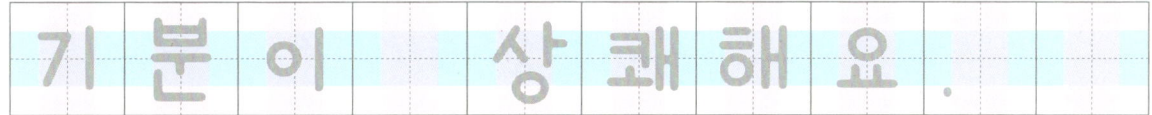

내가 마주했던 특별한 동물을 떠올리며 소개해 주세요.

나는

발랄한 강아지 꽁이

친구가 키우는
강아지 이름은
꽁이예요.
친구 집으로 놀러 가면
꽁이가 날 반겨요.
내가 간식도 주고
놀아 줘서 기쁜가 봐요.
꽁이 별명은
꽁리콥터예요. ㉠
꼬리를 흔드는 게
헬리콥터 같거든요.
참, 발랄한 강아지죠?

감정 단어를 또박또박 따라 써 보세요.

기쁘다 | 욕구가 충족되어 마음이 흐뭇하고 흡족하다.

| 기 | 쁘 | 다 | | 기 | 쁘 | 다 | | | | |

반갑다 | 그리워하던 사람을 만나거나 원하는 일이 이루어져서 마음이 즐겁고 기쁘다.

| 반 | 갑 | 다 | | 반 | 갑 | 다 | | | | |

발랄하다 | 표정이나 행동이 밝고 활기가 있다.

| 발 | 랄 | 하 | 다 | | 발 | 랄 | 하 | 다 | | |

꽁이가 날 **반겨요**.

| 꽁 | 이 | 가 | | 날 | | 반 | 겨 | 요 | . |

발랄한 강아지죠?

| 발 | 랄 | 한 | | 강 | 아 | 지 | 죠 | ? |

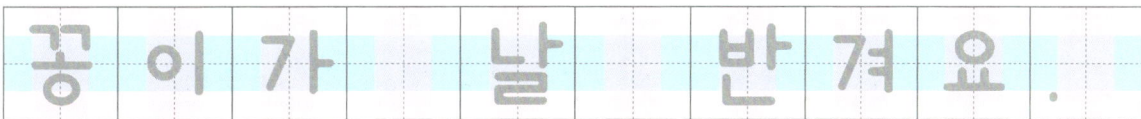 **나와 친한 반려동물을 소개해 주세요.**

나는

경복궁과 인왕산

인왕산은 놀라운 산이에요.
정상에서 왕이 살던 경복궁이 보인대요.
이런 흥미로운 장소가 서울에 있다니,
정말 굉장하지 않나요?
주말에 오를 생각을 하니 벌써 기대돼요.

감정 단어를 또박또박 따라 써 보세요.

굉장하다 | 보통 이상으로 대단하다.

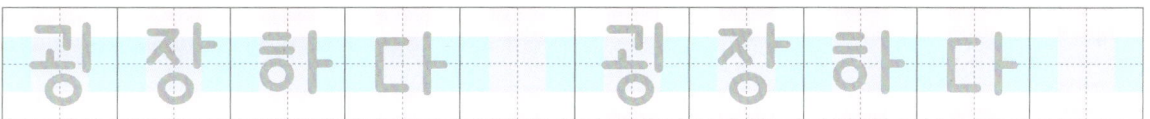

놀라다 | 뛰어나거나 신기한 것을 보고 매우 감동하다.

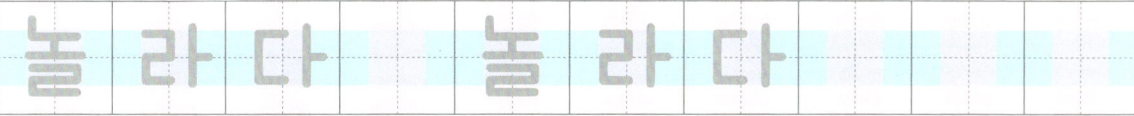

흥미롭다 | 흥을 느끼는 재미가 있다.

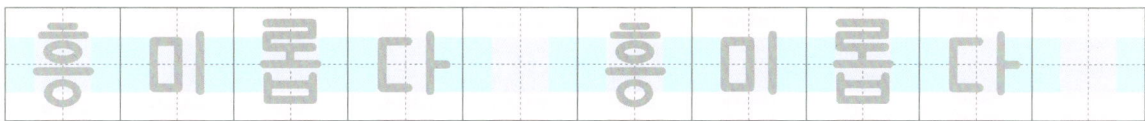

흥미로운 장소

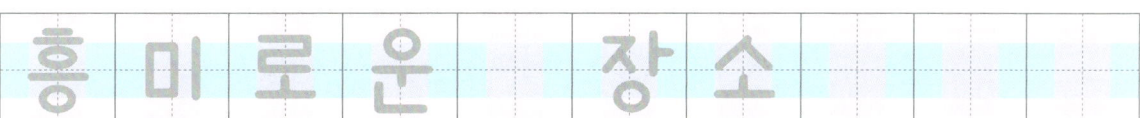

놀라운 산이에요.

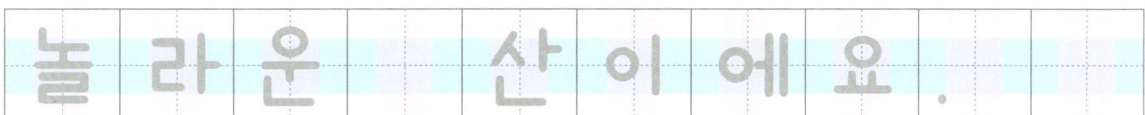

내가 알고 있는 산을 소개해 주세요.

내가

우리 엄마는 화가

엄마는 그림을
열정적으로 매일 그려요.
어떤 때는 꽃이 피고
때론 눈물을 흘려요.
집중한 엄마의 모습은
정말 멋있어요.
열심히 그린 작품을 모아
전시회를 연대요.
엄마가 훌륭한 화가로
인정받았으면 좋겠어요!

감정 단어를 또박또박 따라 써 보세요.

멋있다 | 보기에 썩 좋거나 훌륭하다.

멋	있	다		멋	있	다					

열정적이다 | 어떤 일에 열렬한 애정을 가지고 열중하다.

열	정	적	이	다							

훌륭하다 | 썩 좋아서 나무랄 곳이 없다.

훌	륭	하	다		훌	륭	하	다			

열정적으로 그려요.

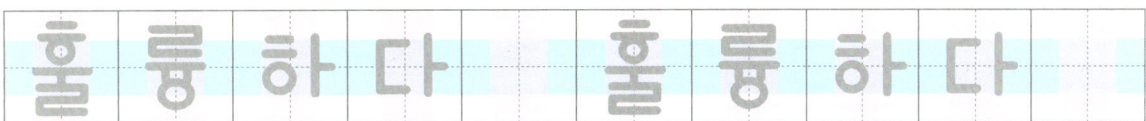

엄마는 **멋있어요**.

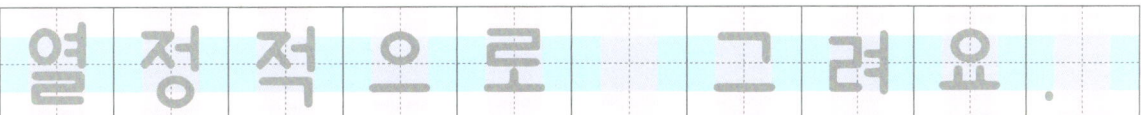

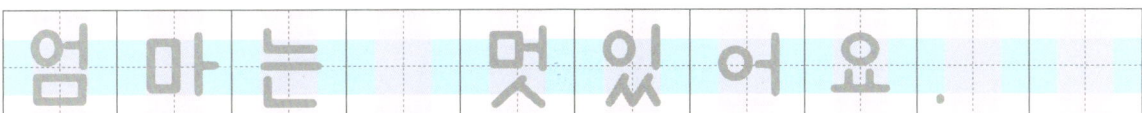 **우리 엄마의 멋있는 점을 소개해 주세요.**

엄마는

할아버지의 생신

할아버지의
생신을 맞이해
이번 주말은
예쁘게 차려입고
할아버지 댁으로 갔어요.
할아버지와 할머니가
웃으며 맞이해 주셨어요.

온 가족이 모여
맛있는 음식을 먹으니
분위기가 밝고 유쾌해요.

1 감정 단어를 또박또박 따라 써 보세요.

밝다 | 분위기, 표정 따위가 환하고 좋아 보이거나 그렇게 느껴지는 데가 있다.

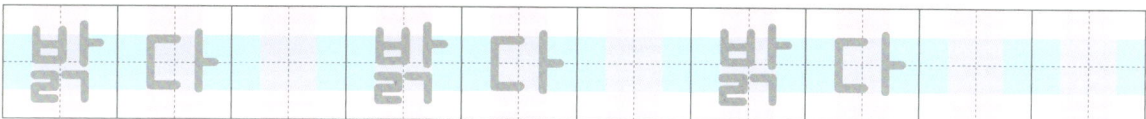

웃다 | 기쁘거나 만족스럽거나 우스울 때 얼굴을 활짝 펴거나 소리를 내다.

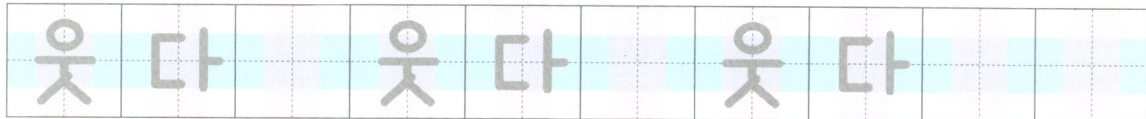

유쾌하다 | 즐겁고 상쾌하다.

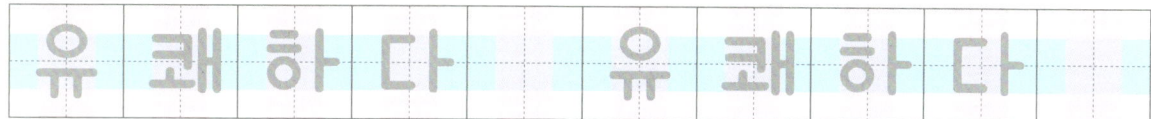

웃으며 맞이해요.

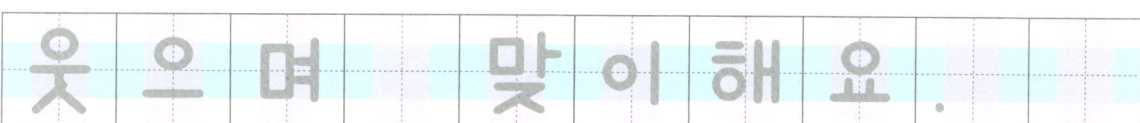

분위기가 **유쾌해요**.

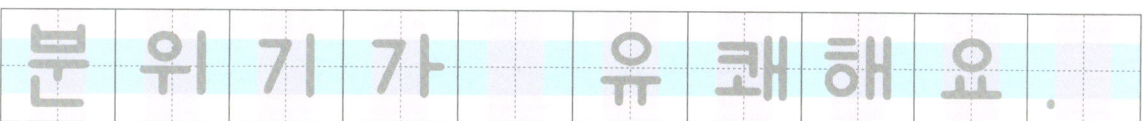

2 할아버지, 할머니와 함께했던 추억을 적어 보세요.

나는

흥이 많은 우리 가족

자동차는
우리 가족에게
무대예요.
음악이 나오면
어깨를 들썩이며
춤추고
즐겁게 노래를
따라 부르거든요.
엄마, 아빠가
박수와 환호성을 지르면
우린 아이돌처럼
흐뭇한 표정을 짓곤 해요.

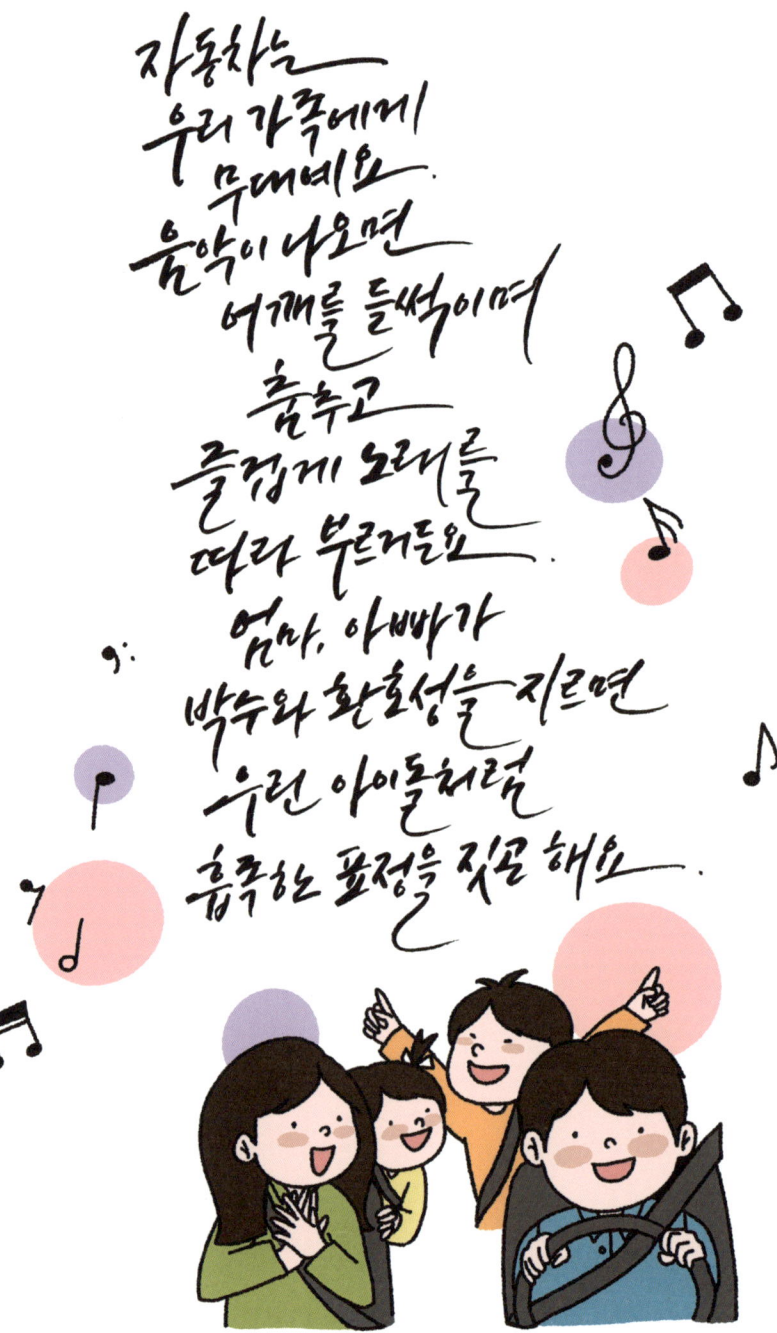

1 감정 단어를 또박또박 따라 써 보세요.

들썩이다 | 마음이 들떠서 움직이다.

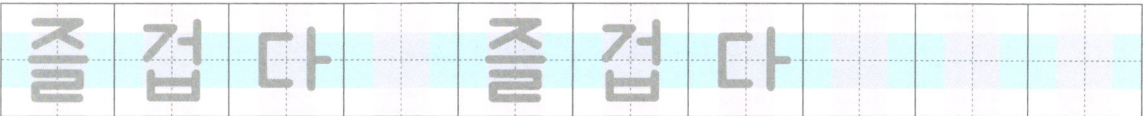

즐겁다 | 마음에 거슬림이 없이 흐뭇하고 기쁘다.

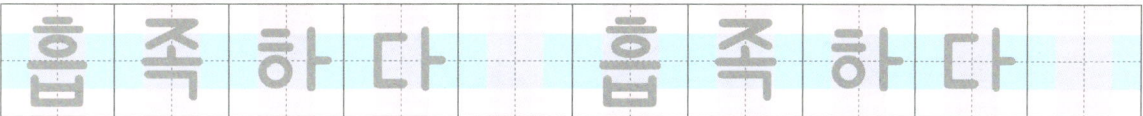

흡족하다 | 조금도 모자람이 없을 정도로 넉넉하여 만족스러운 상태에 있다.

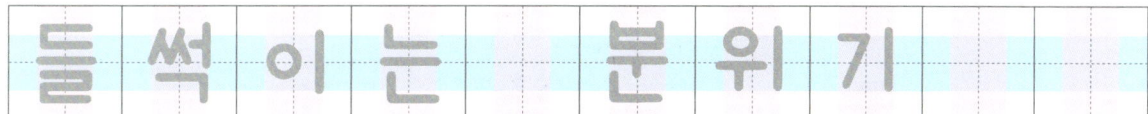

들썩이는 분위기

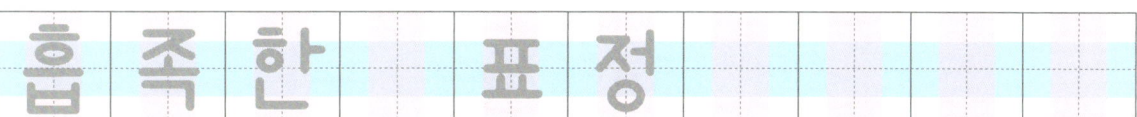

흡족한 표정

흡	족	한		표	정				

2 가족들과 흥겨웠던 추억을 떠올리며 그때 기분을 적어 보세요.

나는

줄줄이 고구마

주말농장에 고구마를
새롭게 심었어요.
산뜻한 봄과
뜨거웠던 여름이 지나고
가을이 되자 밭엔
줄기가 무성해요.
호미로 살살 고구마를 찾아
잡아당기니
고구마가 줄줄 나와
신기했어요!

감정 단어를 또박또박 따라 써 보세요.

산뜻하다 | 기분이나 느낌이 깨끗하고 시원하다.

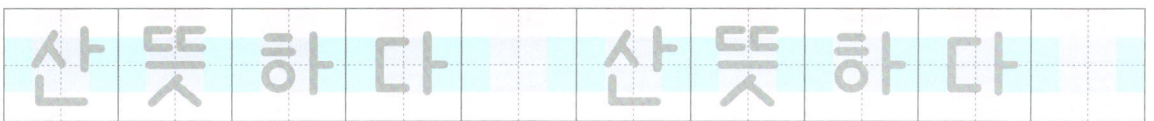

새롭다 | 지금까지 있은 적이 없다.

신기하다 | 믿을 수 없을 정도로 색다르고 놀랍다.

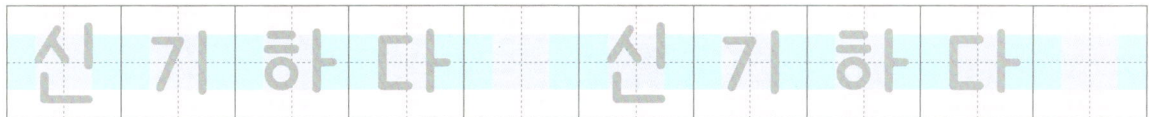

산뜻한 봄

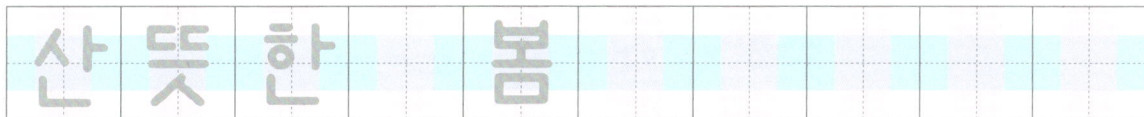

새롭게 심었어요.

| 새 | 롭 | 게 | | 심 | 었 | 어 | 요 | . | | |

2 내가 주말농장에 심고 싶은 식물과 이유를 함께 적어 보세요.

나는

동생의 생일 케이크

엄마나 함께
동생의 생일 케이크를
만들어요.
생크림으로 빵을 덮고
초코 펜으로 꾸미니
끝내주는 케이크 완성!
동생이 좋아할 모습을
상상하니 설레요.
내일은 동생에게
특별한 하루가 되겠죠?

⭐ 1 감정 단어를 또박또박 따라 써 보세요.

끝내주다 | 아주 좋고 굉장하게 하다.

설레다 | 마음이 가라앉지 아니하고 들떠서 두근거리다.

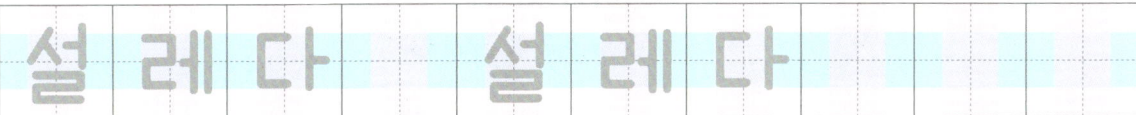

특별하다 | 보통과 구별되게 다르다.

끝내주는 케이크

상상하니 **설레요**.

⭐ 2 형제에게 주고 싶은 특별한 선물을 적어 보세요.

나는

두근두근 야구 경기

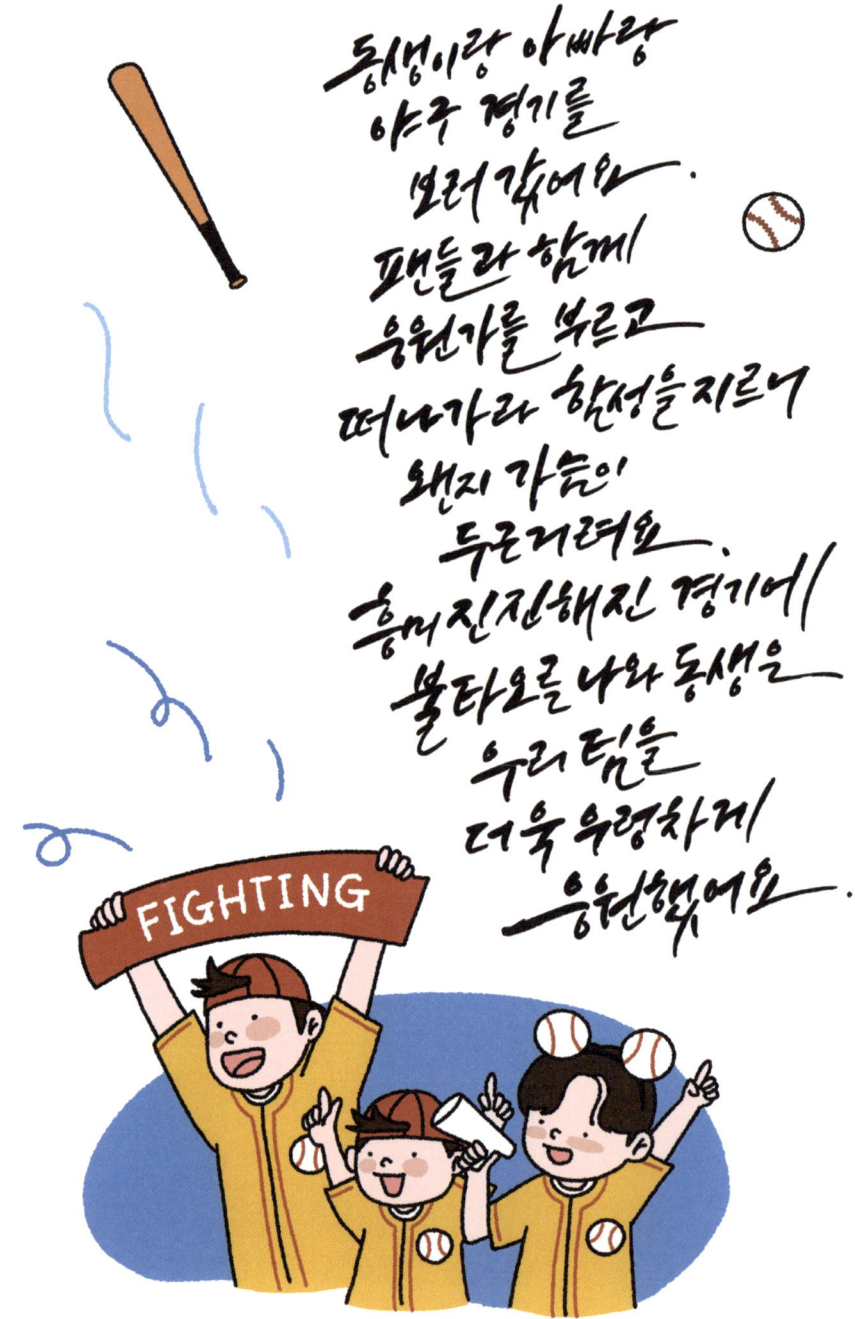

동생이랑 아빠랑
야구 경기를
보러 갔어요.
팬들과 함께
응원가를 부르고
떠나가라 함성을 지르니
왠지 가슴이
두근거려요.
흥미진진해진 경기에
불타오른 나와 동생은
우리 팀을
더욱 우렁차게
응원했어요.

감정 단어를 또박또박 따라 써 보세요.

두근거리다 | 몹시 놀라거나 불안하여 가슴이 자꾸 뛰다.

두근거리다

불타오르다 | 감정이나 기세가 세차게 끓어오르다.

불타오르다

흥미진진하다 | 넘쳐흐를 정도로 흥미가 매우 많다.

흥미진진하다

흥미진진해진 경기

흥미진진해진 경기

가슴이 **두근거려요**.

가슴이 두근거려요.

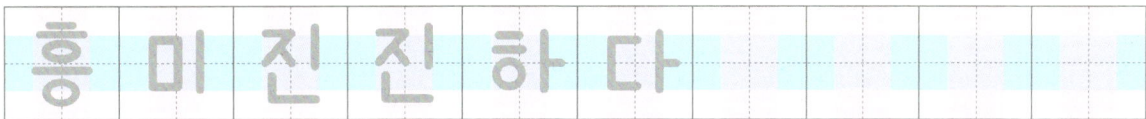 **목이 터져라 응원한 경기를 떠올리며 그때 기분을 적어 보세요.**

나는